DU

RÉGIME DES ALIÉNÉS

THÈSE POUR LE DOCTORAT

PAR

Victor FAIDIDES

AVOCAT A LA COUR D'APPEL

PARIS

LIBRAIRIE NOUVELLE DE DROIT ET DE JURISPRUDENCE

ARTHUR ROUSSEAU

ÉDITEUR

14, RUE SOUFFLOT ET RUE TOULLIER, 13

1898

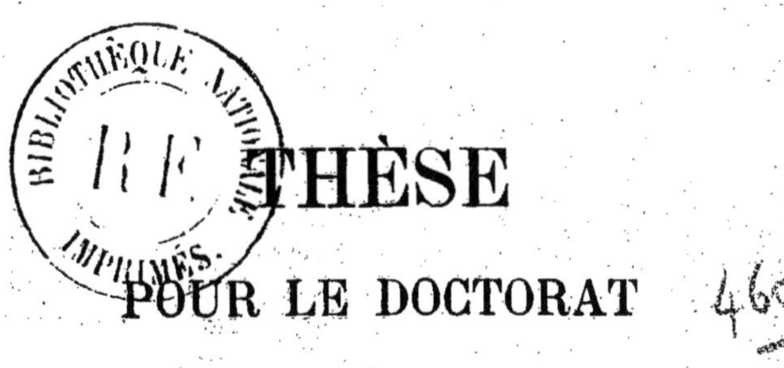

THÈSE

POUR LE DOCTORAT

DU
RÉGIME DES ALIÉNÉS

THÈSE POUR LE DOCTORAT

L'ACTE PUBLIC SUR LES MATIÈRES CI-APRÈS
Sera soutenu le samedi 4 juin 1898 à 10 heures

PAR

Victor FAIDIDES
AVOCAT A LA COUR D'APPEL

Président : M. WEISS
Suffragants : { MM. BOISTEL,
DUCROCQ, } *professeurs*

PARIS

LIBRAIRIE NOUVELLE DE DROIT ET DE JURISPRUDENCE
ARTHUR ROUSSEAU
ÉDITEUR
14, RUE SOUFFLOT ET RUE TOULLIER, 13

1898

RÉGIME DES ALIÉNÉS

INTRODUCTION

L'aliéné, atteint dans la partie capitale de son individu, déchu de ce qui fait la grandeur et la marque caractéristique de l'homme, incapable de diriger lui-même sa vie, impose à la société des droits et des devoirs.

La société a comme premier droit de se protéger contre les troubles et les malheurs que ces infortunés peuvent causer. Ce n'est pas seulement l'aliéné furieux, mais tout aliéné qui est dangereux ; le fou le plus calme, à moins qu'il ne soit arrivé à un point de déchéance physique qui le rende inoffensif, peut être pris spontanément et subitement d'une crise dans laquelle il se livrera à tous les excès. — Même en dehors des actes de violence qu'ils peuvent commettre, les aliénés par l'influence funeste qu'ils acquièrent souvent sur les foules sont la cause de graves perturbations. Tout le monde a présent à l'esprit de nombreux exemples historiques de cette sorte de fascination. En outre, la folie et certaines névroses sont souvent contagieuses ; il n'y a qu'à se rappeler toutes les possédées du moyen-âge, l'affaire du diacre Pâris, la contagion du suicide si fréquemment vérifiée. Pour toutes ces raisons, il importe que la société empêche la libre divagation des aliénés.

L'homme atteint d'une maladie mentale n'ayant plus le libre usage de ses facultés l'intérêt de la société et de sa famille exige que dans la sphère des droits privés il ne puisse dilapider sa fortune, ce qui serait une perte sèche pour tout le monde.

A côté de ces droits, la société a aussi des devoirs à remplir envers les aliénés, du moment qu'elle les séquestre, à juste titre, il est vrai, elle doit surveiller leur traitement et les conditions dans lesquelles ils sont internés ; elle doit en outre veiller à ce que des individus non aliénés ne soient pas séquestrés et à ce que l'internement cesse à la guérison. Elle est obligée enfin d'assister l'aliéné dont le travail est la seule ressource, ressource supprimée par le fait de la séquestration.

De tout temps, la société s'est rendu compte des droits qu'elle avait sur les aliénés ; quant à ses devoirs, ils ne se sont imposés à elle que depuis peu, depuis un siècle à peine. Les aliénés mis dans l'impossibilité de nuir, elle ne s'occupait plus d'eux. Cette situation découlait de l'idée qu'on s'était faite de l'aliénation mentale qu'on ne considérait pas comme une maladie. Regardée par les philosophes comme une perversion des facultés de l'âme, par la foule et souvent par le législateur comme un effet de la malédiction céleste et de l'intervention du diable, on ne cherchait qu'à protéger la société contre un être dangereux et maudit; c'est seulement à partir de Pinel que, les considérant comme des malades, on s'avisa de les soigner.

Ces droits et ces devoirs de la société s'appliquent-ils à de nombreux individus ? — Telle est la première question qui se pose au début d'une étude sur le régime des aliénés.

Il est très difficile d'obtenir une bonne statistique sur le nombre des aliénés. On ne peut connaître avec certitude que les aliénés internés dans les établissements régis par la loi de 1838 et encore leur nombre varie-t-il suivant l'époque à laquelle le recenssement est fait ; beaucoup de malades ne faisant que passer dans les asiles. — Quant au nombre des aliénés soignés à domicile ou dans des maisons de santé privées, une grande incertitude règne à leur égard, soit que les personnes qui les soignent et les entourent cherchent à dissimuler leur état, soit qu'elles ne s'en rendent pas un compte exact.

En 1838 au moment de la discussion de la loi, on prétendait qu'il y avait en tout environ 15 000 aliénés, 8 390 internés dans des établissements spéciaux et à peu près 6.610 vagabonds, emprisonnés, ou vivant dans leurs familles. On était, à cette époque, dans une profonde ignorance sur le nombre des individus frappés d'aliénation mentale.

Lorsque la loi de 1838 reçut au commencement

appréciable d'organisation, c'est-à-dire vers 1842, le
nombre des individus internés augmenta rapidement.
Nous trouvons dans le rapport des inspecteurs généraux, publié en 1874, les chiffres suivants :

		Augmentation
1842.	15 280	
1844.	16 000	720 en 10 ans
1854.	24 524	8 524 en 10 ans
1864.	34 919	10 395 en 10 ans
1874.	42 077	7 158 en 10 ans
		malgré la perte de
		l'Alsace-Lorraine

Si, pour les années postérieures à 1874, nous par-
courons l'annuaire statistique de la France et la statistique générale de la France, nous trouvons :

		Augmentation
1884.	52 024	9 945 en 10 ans
1892.	59 604	7 580 en 10 ans
1894.	67 163	7 559 en 2 ans

Quant aux aliénés soignés à domicile leur dénombrement n'a pas toujours été opéré dans les recensements quinquennaux de la population française.
— Voici les chiffres relevés :

1851.	24 433
1856.	34 604
1861.	53 160
1866.	54 707
1872.	51 004
1876.	39 887

Ces chiffres ne doivent pas nous arrêter, car ainsi
que nous l'avons dit plus haut, les recensements

d'aliénés soignés à domicile sont peu exacts, les parents ou les individus qui les soignent n'étant pas tenus dans l'état actuel de notre législation d'en faire la déclaration.

Mais ce qui doit nous frapper, c'est l'augmentation continue du nombre des aliénés internés ; ce nombre qui était pour 10.000 habitants de 3.42 dans la période 1835-39 atteignait 10.53 dans la période 1871-73, 15.33 en 1892 et 17.67 en 1894.

Ce fait, du reste, n'est pas constaté seulement en France mais aussi à l'étranger. En Belgique on a constaté la même progression depuis la mise à exécution de la loi de 1850. En 1878 M. Oudart, dans un rapport officiel, établissait que de 1852 à 1876 le nombre des aliénés colloqués dans les établissements belges avait plus que doublé. Il était passé de 3.841 à 7.441. Le docteur Peeters de Geehl admettait en 1882 l'existence de 8.000 aliénés colloqués. — La même progression a été constatée en Grande-Bretagne. De 1859 à 1879 le nombre des aliénés internés en Angleterre s'est élevé de 36.762 à 69.885, s'est accru par conséquent de plus de 33.000 en 20 ans. En 1883 sur 77.196 aliénés enregistrés au 1er janvier on en trouve 70.060 placés dans les établissements spéciaux. — Une augmentation analogue se constate enAllemagne et aux Etats-Unis.

On se demande si cette augmentation du nombre des aliénés internés n'indique pas le développement des maladies mentales? Pour beaucoup d'aliénistes étrangers anglais et américains, l'accroissement

de l'aliénation mentale est le résultat de notre état
de civilisation. C'est aussi l'opinion des inspecteurs
généraux qui ont rédigé le rapport de 1874 : « Etant
« admis, disent-ils, que le développement, la multi-
« plicité des intérêts et de tout ce qui concourt à
« constituer la civilisation est une cause de surex-
« citation de l'activité cérébrale, il n'est que logique
« d'admettre aussi un accroissement du nombre des
« aliénés, accroissement dont on ne connaît qu'im-
« parfaitement la progression, mais réel et auquel
« on ne pourrait assigner une limite, n'en pouvant
« assigner aux intérêts divers nés ou à naître, aux
« idées vraies ou fausses qui peuvent envahir les
« esprits. » Ils disaient encore à un autre endroit du
rapport : « Si les causes de folie se multiplient, les
« effets doivent se multiplier aussi, le nombre des
« fous doit augmenter, augmenter toujours, tant que
« progressera ce qu'on appelle la civilisation ».

Cette opinion a été vivement combattue et la majorité des aliénistes français semble d'avis d'admettre
que l'encombrement des asiles provient d'autres
causes, multiples et passagères, qui tendront à disparaître. Le docteur Lunier a été un de ceux qui
ont le plus développé cette théorie, notamment dans
un mémoire lu à l'Académie de médecine en 1869
(*Annales médico-psychologiques*, janvier 1870) et
dans un autre mémoire lu à la Sorbonne en 1884.
(*Ann. méd. psycho.*, 1884).

Pour eux, une des principales causes de l'augmentation du nombre des aliénés qui sont internés, ré-

side dans les termes de la loi de 1838 qui permettent
de recevoir dans les asiles toutes les catégories de
malades et d'infirmes de l'intelligence qu'on peut
réunir sous le nom d'aliénés. Il en résulte qu'aux
aliénés proprement dit, viennent s'ajouter les idiots,
les crétins, les imbéciles et nombre d'épileptiques
pour lesquels n'existe pas d'assistance appropriée
à leurs infirmités. Les autres causes se trouvent dans
l'habitude de plus en plus grande des populations
de réclamer les secours de l'asile, habitude provenant souvent en partie du relâchement des liens de
famille, en partie des nécessités dérivant de l'extension de l'industrie ; dans le mouvement philantro-
pique en faveur des aliénés ; dans l'espoir d'une
guérison qu'on croyait autrefois impossible ; dans
les améliorations successives qui ont diminué la
mortalité.

Pour nous, nous croyons que la vérité est dans
un juste milieu entre ces deux doctrines et que si les
causes que nous venons d'énumérer sont pour quelque chose dans cet accroissement des internements,
l'augmentation des maladies mentales y a sa part. —
On ne peut contester que dans les pays civilisés, les
conditions actuelles de l'existence, notamment dans
les villes, rendent plus fréquents les cas d'aliénation.
L'alcoolisme, cette maladie essentiellement moderne
qui croît et se développe avec une rapidité si ef-
frayante, est une des causes les plus fréquentes de
la folie. En 1894, 5.483 personnes ont été traitées
pour folie alcoolique. Les statistiques antérieures

n'ont pas toujours distingué cette sorte de folie ; cependant on trouve, en 1888, 4.557 personnes qui en sont atteintes et sont traitées dans les différents établissements. Cette catégorie de malades a donc augmenté d'un millier d'individus de 1888 à 1894. La paralysie générale progressive contribue aussi pour une bonne part à l'augmentation de la folie. En 1894, 4.458 individus en étaient atteints. — On ne peut nier enfin la part de l'hérédité dans l'aggravation de la folie.

Cette progression incontestable de l'aliénation mentale montre tout l'intérêt que comporte l'étude que nous entreprenons du régime des aliénés et des questions de droit public et privé qu'elle soulève.

Avant d'examiner la loi actuelle et toutes les polémiques et critiques qu'elle a suscitées, nous allons rappeler rapidement l'état antérieur à 1838 pour montrer tout le progrès accompli par le vote et l'application de cette loi.

Rappel de la situation antérieure à la loi de 1838.

Nous ne rappellerons pas la situation faite aux fous jusqu'à ce siècle. On ne s'occupait d'eux qu'au point de vue du danger qu'ils faisaient courir à la société. Dangereux, ils étaient enfermés et mis dans l'impossibilité de nuire, mais le souci qu'on prenait d'eux s'arrêtait là. Rarement ils étaient considérés comme des malades susceptibles de traitement. Internés dans les hospices ou les prisons, ils y étaient enchaînés et laissés sans aucun soin. Inoffensifs, on ne s'occupait pas d'eux et on les laissait abandonnés à la risée ou à la vénération superstitieuse du public. Aucune règle ne venait limiter le pouvoir de l'administration, la plus grande latitude était laissée aux fonctionnaires chargés de la police. Cette citation tirée de des Essarts nous renseignera sur l'état de la législation : « Ceux qui ont le malheur « d'être attaqués de folie, démence ou fureur doivent « être gardés par leurs parents ou à leurs frais, de « manière que la tranquillité publique ne soit pas « troublée par ces malheureux. Lorsque les familles « ne sont pas en état de payer une pension, les of- « ficiers chargés de veiller au maintien de l'ordre « doivent faire conduire ces sortes de malades dans « les hôpitaux ou dans les autres endroits destinés « par le gouvernement pour les recevoir. Les parents « peuvent être poursuivis pour les dommages causés « par les personnes folles, furieuses ou en démence, « mais on n'a contre eux qu'une action civile. Si la « folie, la fureur, la démence sont certaines, on ne « punit pas les crimes commis par les personnes « atteintes de ces maladies ; la justice se bornera à « ordonner qu'elles seront renfermées. »

Cet état de choses nous paraît extraordinaire aujourd'hui ; mais il faut bien dire qu'il résultait de la conception qu'on se faisait alors de la folie ainsi que nous l'avons dit. Considérée par les philosophes comme une perversion des facultés de l'âme, elle était envisagée par le peuple et quelquefois par le législateur comme une marque de la colère de Dieu ou de l'intervention du diable. Quelques maisons religieuses, dont la principale était tenue à Avignon par les pénitents noirs de la miséricorde essayèrent bien de soumettre les aliénés à un traitement plus réfléchi ; mais leur exemple fut peu suivi et jusqu'à la fin du xviiie siècle on ne s'occupa pas sérieusement du sort de ces mal· heureux malades.

En 1785, pour la première fois, sur l'ordre de Louis XVI, une instruction publiée par Colombier traça des règles pour le traitement des aliénés dans les asiles publics. Les corps savants s'empressèrent d'étudier la question des établissements de bienfaisance. L'Académie nomma une Commission composée de Lassonne, Daubenton, Tenon, Bailly, Lavoisier, Delaplace, Coulomb, Darcet et Tillet. — La question était déjà avancée, lorsqu'éclata la crise révolutionnaire.

De même que l'Ancien Régime, les Assemblées révolutionnaires ne s'occupèrent des aliénés qu'au point de vue des dangers qu'ils faisaient courir à la société. N'établissant aucune garantie destinée à protéger la liberté individuelle, elles les rangèrent à côté des bêtes dangereuses au lieu de les considérer comme des malades.

L'article 3 du titre 11 de la loi du 16-24 août 1790 range parmi les fonctions de la police « le soin d'obvier ou de remédier aux événements fâcheux qui pourraient être occasionnés par les insensés ou furieux laissés en liberté ». — L'article 15 de la loi du 19-22 juillet 1791 édicte des peines contre « ceux qui laisseront divaguer des insensés ou furieux. »

Ces deux lois n'indiquaient pas ce qu'on devait faire des aliénés. — Plus tard, la loi du 24 vendémiaire an IX, décidait que les aliénés à la charge de l'Etat seraient enfermés dans les maisons de répression.

On fait souvent gloire à la Constituante de l'article 9 de la loi du 16-24 mars 1790, article qui pose, dit-on, les règles fondamentales en cette matière ; règles ayant pour but d'entourer la liberté individuelle des garanties nécessaires et de permettre à la société de se protéger. — Mais il faut bien remarquer que cet article n'est qu'une disposition temporaire d'une loi relative aux personnes détenues en vertu de lettres de cachet et parmi lesquelles se trouvaient des aliénés. — Il était ainsi conçu : « Les personnes détenues « pour cause de démence seront, pendant trois mois « à compter de la publication du présent décret, à la « diligence de nos procureurs, interrogées par les « juges dans les formes usitées et en vertu de leurs « ordonnances visitées par les médecins qui, sous la « surveillance des directeurs de district, s'explique- « ront sur la véritable situation des malades, afin « que, d'après la sentence qui aura statué sur leur « état, ils soient élargis où soignés dans les hôpitaux « qui seront désignés à cet effet. »

Les hôpitaux ne furent pas désignés et la loi ne fut pas appliquée.

Il est juste de dire que si la législation sur les aliénés n'était guère modifiée, les idées relatives à la folie et le traitement appliqués à ces malades changèrent du tout au tout, grâce à Pinel. Considérant le premier l'aliénation comme une maladie et l'étudiant au point de vue physiologique, il édifia toute une théorie dont les conséquences furent nombreuses et importantes et peuvent se résumer en ce mot si souvent répété : Les aliénés furent élevés à la dignité de malades. — Les chaînes, les verrous, tous les moyens violents employés contre les aliénés dangereux sont supprimés et remplacés par l'usage de la camisole de force. On sépare les malades, les aliénés dangereux, les aliénés calmes, les aliénés convalescents. Dorénavant environné des égards et des soins qui lui sont dûs, l'aliéné jouit de toute la liberté compatible avec la sûreté publique et la sienne propre. — La surveillance est déguisée tout en restant aussi active ; des ateliers de travail sont établis.

La législation relative aux aliénés ne fut pas modifiée jusqu'à la rédaction du Code civil. —Ce dernier contient tout un titre se rapportant aux aliénés, le titre 11e sur l'interdiction. — Nous allons examiner brièvement les règles qui y sont édictées et la situation qui en résultait pour les aliénés.

L'interdiction peut être demandée pour toute personne atteinte d'aliénation mentale quelqu'en soit la forme. Mais il faut qu'elle soit dans un état habituel d'aliénation sans qu'il y ait nécessité qu'il soit continuel. Au cas où le délire serait passager, l'interdiction ne pourrait pas être prononcée. L'interdiction ne peut être demandée par que certaines personnes, les parents, le conjoint de l'aliéné, le procureur de

la République. Ce dernier doit la demander si l'aliéné
met en péril la sécurité publique. — Le tribunal après
avoir entendu le rapport d'un juge et les conclusions
du ministère public prend l'avis du conseil de famille ; il interroge ensuite la personne en présence
du procureur de la République ; enfin il peut faire
faire une enquête. — Le jugement prononçant l'interdiction établissant une incapacité complète, les
tiers ont intérêt à en être avertis et toute une série
de mesures en assure la publicité.

L'interdiction prononcée, la personne qui en a été
l'objet se trouve assimilée à un mineur ; elle est
représentée par un tuteur qui fait tous les actes de
la vie civile en son nom. — Ceux qu'elle passerait
après l'interdiction sont nuls de droit, la maladie étant
présumée ne laisser aucun intervalle de lucidité. Il
suffit de s'adresser au tribunal qui ne peut se refuser
à prononcer sa nullité. Mais l'acte n'est qu'annulable
et non inexistant, ce qui entraîne les conséquences
suivantes ; certaines personnes seules peuvent en
demander l'annulation elle peut être couverte par
confirmation ou ratification tacite résultant de l'épui-
sement du délai de 10 ans courant à partir de la
cessation de l'interdiction. — Pour les actes passés
avant le jugement d'interdiction le Code fait une
dérogation au droit commun. D'après ce dernier.
pour que l'acte soit déclaré nul il faudrait qu'il ait
été fait dans un moment d'aliénation supprimant le
consentement et qu'il fût prouvé. — Or, d'après
l'article 503 la nullité peut être prononcée du mo-

ment que la cause de l'interdiction existait notoirement à l'époque où l'acte a été fait.—Au point de vue
de la personne même de l'interdit, le Code décide
qu'elle pourra être enfermée dans un asile ou une
maison de santé après délibération du conseil de famille.

Telles sont, succinctement résumées, les règles
relatives à l'interdiction, établies par le Code civil. —
Cette nouvelle législation eut un effet considérable.
Elle abrogea les dispositions de police permettant à
l'autorité administrative de faire interner les aliénés ;
dépassant le but, il en résulta que l'internement
devint très difficile, quelquefois impossible.

Elle abrogea, disons-nous, les pouvoirs de l'administration ; en effet, la jurisprudence considéra que
les dispositions de la loi du 16-24 août 1790 étaient
annulées par l'article 510 du Code. Dorénavant l'internement ne pouvait plus être obtenu qu'après un
jugement d'interdiction et sur avis du conseil de famille.

Cet état de choses créé par le Code était préjudiciable à la société, à l'aliéné lui-même et à sa famille.

Il était préjudiciable à la société qui restait désar-
mée devant l'aliéné dangereux, troublant l'ordre ou
menaçant la sécurité des personnes. — L'internement ne pouvait avoir lieu qu'après un jugement
d'interdiction demandé par le procureur de la République. — Ce jugement ne pouvait être obtenu dans
tous les cas ; il fallait qu'il y eut état habituel de
démence ; on ne pouvait rien vis-à-vis d'un individu

atteint d'un délire momentané. Lorsqu'on rentrait
dans les termes de la loi, la longue procédure que
nous avons analysée retardait indéfiniment l'inter-
ment.

Cet état était préjudiciable à l'aliéné lui-même.
Tous les aliénistes sont d'avis que le plus souvent,
pour remettre un peu d'ordre dans la cervelle de ces
malheureux, il faut les retirer le plus rapidement
de leur milieu habituel et les isoler. — Le moindre
retard peut leur être funeste, car il faut bien se figurer qu'on ne recourt ordinairement à l'internement
qu'à la dernière extrémité et lorsque le traitement à
domicile est devenu impossible. — Or, la procédure
de l'interdiction est non seulement longue, mais elle
est telle que par les interrogations qu'elle exige, elle
irrite le malade et peut souvent aggraver l'aliénation
au point de rendre incurable une maladie qui aurait
pu être guérie. Au cas de folie non habituelle, l'internement nécessaire pour le traitement ne pouvait
avoir lieu. Admettons que la séquestration eût pu
se produire ; en l'absence d'établissements spéciaux
aménagés pour le traitement des maladies mentales,
les aliénés étaient mis dans des hospices mal orga-
nisés, échappant à la surveillance du gouvernement
et permettant les internements arbitraires après guérison.

La loi était aussi préjudiciable à la famille. —
Dans l'état actuel des esprits, les maladies mentales
impriment une certaine tare aux familles qui ont le
malheur d'avoir des membres qui en sont atteints.

Les descendants des aliénés, notamment, sont frappés d'une véritable déchéance sociale. — On comprend l'intérêt à ne pas divulguer ces maladies et à n'en pas répandre l'annonce dans le public ; le Code civil, au contraire, dans l'intérêt des tiers, fait tout ce qu'il faut pour donner la plus grande publicité possible au jugement d'interdiction.

Les dispositions de ce titre ont au fond pour but unique la protection des biens de l'aliéné tant dans son intérêt personnel que dans celui de sa famille, et cependant ces intérêts pécuniaires ne sont pas toujours bien protégés. — La loi assimile l'interdit au mineur et lui applique les mêmes règles de protection en établissant sa tutelle suivant les mêmes bases. Il y a là une erreur. Tandis que dans le second cas, la tutelle finit par la majorité du mineur auquel le tuteur doit rendre des comptes, c'est-à-dire fournir les justifications des dépenses qu'il a faites et l'emploi des revenus non dépensés, il n'en est pas de même pour l'interdit. — La situation pouvant se prolonger pendant de longues années, la gestion du tuteur ne sera pas contrôlée pendant un long espace de temps, et les revenus employés le plus souvent à d'autres buts que le soulagement et le traitement du malade. — L'interdiction ne finissant ordinairement qu'à la mort de l'interdit et le tuteur étant souvent son héritier, il n'y aura eu aucun contrôle de la tutelle.

Il faut ajouter que cette protection des biens de l'aliéné n'existe bien entendu qu'au cas où l'interdiction a pu être prononcée. Dans les cas de crises tem-

poraires, le malade absolument abandonné à lui-
même peut dilapider sa fortune sans aucune protection. Les actes qu'il a faits dans ces conditions sont
soumis au droit commun, or, rien n'est plus difficile
que de prouver la démence surtout lorsque l'état
habituel de la personne est la lucidité d'esprit.

Nous venons de voir la législation du Code civil
relative aux aliénés et les conséquences qui en résultaient. Examinons maintenant la situation qui
leur était faite dans la pratique.

On essaya de combiner les prescriptions du Code
avec les dispositions de la loi du 16-24 août 1790, car
il était impossible de laisser errer les fous dangereux jusqu'au moment de l'interdiction. — D'après
la lettre du 15 thermidor an IX du ministre de la
justice au ministre de l'intérieur, l'autorité administrative pouvait en cas d'urgence arrêter provisoirement les aliénés et les placer dans un dépôt de
sûreté ; mais cette mesure devait être essentiellement temporaire et l'internement définitif ne pouvait résulter que d'un jugement d'interdiction. —
Ces dispositions n'étaient pas toujours suivies régulièrement, la détention provisoire était souvent très
longue et convertie la plupart du temps en internement sans décision judiciaire. On en voit la preuve
par la circulaire adressée aux préfets par Portalis,
ministre de l'intérieur par intérim ; elle porte la date
du 30 fructidor an XII.

« J'ai remarqué dans les comptes rendus analytiques
« des préfets que plusieurs ont fait de leur propre au-

« torité arrêter des insensés pour être sur leur ordre
« enfermés dans des maisons de force.

« Je crois devoir, pour prévenir cet abus, vous rap-
« peler les principes et les règles de cette matière.
« Suivant la loi du 22 juillet 1791, conforme à ce sujet
« aux anciens règlements, les parents des insensés
« doivent veiller sur eux, les empêcher de divaguer et
« prendre garde qu'ils ne commettent aucun désordre.
« L'autorité municipale, suivant la même loi, doit
« obvier aux inconvénients qui résulteraient de la
« négligence avec laquelle les particuliers rempli-
« raient ce devoir.

« Les furieux doivent être mis en lieu de sûreté mais
« ils ne peuvent être retenus qu'en vertu du jugement
« que la famille doit provoquer. Le Code civil indique
« avec beaucoup de détail la manière dont on doit
« procéder à l'interdiction des individus tombés en
« état de démence ou furieux. C'est au tribunaux
« seuls qu'il confie le soin de constater cet état.

« Les lois qui ont déterminé les conséquences de
« cette triste infirmité ont pris soin qu'on ne pût arbi-
« trairement supposer qu'un individu en est atteint;
« elles ont voulu que sa situation fût établie par des
« preuves positives avec des formes précises et ri-
« goureuses.

« En substituant aux procédés réguliers une déci-
« sion arbitraire de l'administration, on porte at-
« teinte à la liberté personnelle et aux droits civils de
« l'individu que l'on fait détenir ; on donne lieu à des
« tiers intéressés de soutenir, les uns que les actes

« faits par un homme ainsi détenu sont nuls parce qu'il
« est en état de démence constatée les autres que de
« tels actes sont valides, parce qu'il n'y a démence re-
« connue que celle qui a été régulièrement constatée.

« L'Administration n'est pas plus fondée à remettre
« en liberté et en possession de leur état des individus
« détenus comme insensés par ordre de justice ;
« d'abord parce qu'il ne lui appartient pas de sus-
« pendre l'effet de décisions judiciaires et de plus
« parce que l'état civil des individus n'est ni mis à sa
« disposition ni placé sans sa surveillance. »

Cette circulaire que nous avons voulu reproduire
in extenso ne parvint pas à supprimer les illégalités.
Ainsi à Bicêtre, sur quatre cents fous internés, neuf
seulement étaient interdits.

Renfermés dans un des huit établissements spéciaux qui leur étaient affectés ou dans des hospices
ou des dépôts de mendicité, où rien n'était disposé
pour les soigner, leur condition était déplorable. —
On en trouve la preuve dans un circulaire du ministre de l'Intérieur du 16 juillet 1819 annonçant
aux préfets qu'une commission est constituée pour
rechercher les moyens pouvant remédier à cet état de
choses, et indiquant les mesures urgentes pour améliorer leur sort. — On voit d'après ce document les
aliénés logés dans des cellules petites, humides,
non aérées, ayant le sol pour tout plancher ; les fous
furieux couchés sur la terre ou le pavé, chargés souvent de chaînes, sont surveillés par des gardiens
munis de bâtons et accompagnés de chiens. — La

nourriture n'est distribuée qu'une fois par jour. Quelquefois ces établissements n'ont pas de médecin attitré, chargé de visiter régulièrement ces malheureux.

Les efforts du gouvernement pour améliorer cette situation ne furent pas toujours couronnés de succès. Une législation fixant les pouvoirs de police de l'Administration et à la charge de qui l'entretien des aliénés indigents incomberait, manquait. De 1811 à 1838 on ne voit que des embarras causés par les aliénés vagabonds et le souci de savoir par qui leur entretien serait supporté. — C'est ce dont on peut se convaincre en parcourant les circulaires du ministre de l'Intérieur de 1833, du 29 juin 1835, du 25 juin 1846, du 5 août 1836.

Primitivement les dépenses occasionnées par le traitement des aliénés indigents étaient supportées suivant les localités par le département, la commune ou certains hospices. — Un arrêté du ministre de l'Intérieur du 6 novembre 1815, pris pour Paris, avait été étendu par l'administration à toute la France. Il mettait l'entretien des aliénés à la charge de la commune du domicile de secours, déterminé d'après la loi du 24 vendémiaire an II et subsidiairement à la charge du département.

Après 1830 les communes refusèrent leur concours dans cette dépense. Un avis du Conseil d'Etat du 10 octobre 1834 leur donna raison. Si la loi de 1790, dit-il, charge l'autorité municipale de prendre toutes les mesures pour obvier aux dangers causés par les aliénés en liberté, aucun texte ne met la dépense de leur entretien à leur charge. — Le gouvernement se retourna vers les hospices, pensant que du moment que les libéralités qui leur avaient été faites ne les forçaient pas à soigner telle ou telle maladie spéciale, le traitement de l'aliénation mentale rentrait dans leurs fonctions. Là encore un arrêt du Conseil d'Etat du 17 mars 1834 donna tort à l'Etat.

Le gouvernement songea alors à mettre cette dépense à la charge du département. Le ministre de l'Intérieur, dans la circulaire du 29 juin 1835, en développe les raisons. Les frais occasionnés par l'internement et le traitement des aliénés ont eu pour but un intérêt public. L'article 49 du Code civil ordonne au procureur de la République de demander l'interdiction des aliénés dangereux. Le décret de 1811 sur les frais en matière criminelle et de police range parmi les frais de justice criminelle à la charge de l'état ceux résultant de la *procédure d'office pour l'interdiction*. L'article 479 du Code pénal punit d'une amende ceux qui auront laissé divaguer les fous. Toutes ces mesures étant prises dans l'intérêt de la sécurité générale doivent incomber à l'État et la dépense doit en être mise à la charge du département dont le budget n'est considéré que comme une fraction du budget de l'Etat.

L'intervention du département d'abord bénévole fut bientôt sanctionnée par la loi. La loi des finances de 1837 décide : « Les dépenses pour les aliénés indigents seront assimilées aux dépenses variables départementales, sans préjudice du concours de la commune du domicile de secours et des hospices s'il y a lieu ». — Cette disposition n'avait d'effet que que pour l'année 1837, elle fut renouvelée pour l'année 1838.

L'examen rapide que nous venons de faire de la législation alors en vigueur et de la pratique qui en est résultée montre la nécessité de refondre ou plutôt de créer une législation donnant satisfaction aux intérêts en présence, protégeant et entourant de garanties la liberté individuelle tout en permettant à la société de se protéger contre les aliénés dangereux, assurant le traitement de ces malades et la protection due à leurs biens, fixant enfin à la charge de qui seraient les dépenses de ceux qui n'auraient pas de ressources.

Le gouvernement se convainquit de cette nécessité et un projet de loi fut élaboré en 1837. Le premier projet déposé à la Chambre des députés était très incomplet ; il ne comprenait que des dispositions sur les garanties à prendre pour protéger la liberté individuelle et fixait par qui seraient supportées les dépenses des aliénés indigents. Il fut considérablement remanié par la Commission à laquelle il fut soumis. On y introduisit le principe forçant les départements à posséder un établissement public ou à traiter avec un asile privé. On traça les conditions dans lesquelles des établissements privés peuvent être ouverts, enfin on s'occupa de la capacité des aliénés internés et de l'administration de leurs biens. — Voté dans ces

conditions par la chambre des députés, il fut transmis
à la Chambre des paires qui lui fit subir aussi plusieurs modifications. Le gouvernement voulant alors
soumettre toutes ces nouvelles dispositions à une
élaboration administrative retira son projet et en
présenta un autre conforme aux vues des Chambres.
Ce nouveau projet devient la loi du 30 juin 1838.

Nous ne relaterons pas la discussion qui précéda
le vote de la loi, discussion très sérieuse, très approfondie dans laquelle toutes les questions soulevées
par les divers intérêts en présence furent étudiées en
détail. — Nous arrivons de suite à l'étude de la loi
qui fait l'objet principal de ce travail.

Nous le diviserons en 6 chapitres. I — De l'internement et des garanties données pour la sûreté de la
liberté individuelle. II des établissements spéciaux où
sont soignés les aliénés. — III. De la condition civile des aliénés. — IV. Organisation administrative
du service des aliénés. — V. Droit international. —
VI. Des divers projets de réforme qui ont été pré-
sentés au Parlement.

CHAPITRE PREMIER

DE L'INTERNEMENT ET DES GARANTIES ÉTABLIES POUR LA
SURETÉ DE LA LIBERTÉ INDIVIDUELLE

Savoir quand la séquestration pourrait avoir lieu, par
qui elle pourrait être demandée, dans quelles conditions
elle s'effectuerait était le point capital de la loi qui a
donné lieu au plus grand nombre de critiques avant
et après son vote.

La loi de 1838 distingue deux sortes de placements :
le placement volontaire et le placement d'office. Le
premier est requis dans l'intérêt unique du traitement
de l'aliéné, l'isolement étant le plus souvent le facteur
le plus important pour la guérison des maladies mentales ; le second est opéré en vue de la sécurité publique
compromise par la divagation des aliénés dangereux

Du placement volontaire.

Le placement volontaire doit-il être soumis à une
autorisation afin d'empêcher les séquestrations motivées
par la haine ou un intérêt de cupidité ? — Telle était la
question qui se posait lors de la discussion de la loi.
Une autorisation du préfet était exigée par le premier

projet de loi déposé par le gouvernement. Elle fut supprimée par la Commission de la Chambre des députés. Vivien en donne les raisons dans son premier rapport. Il la jugeait inutile et dangereuse. Elle était inutile, suivant lui, les séquestrations arbitraires étant peu à craindre et étant sérieusement empêchées par l'ensemble de toutes les autres formalités édictées dans le projet. Elle était dangereuse, pouvant compromettre la guérison de l'aliéné par le retard qu'elle apporterait à son isolement, pouvant être surprise à la religion du préfet, supprimant enfin la responsabilité de la personne ayant demandé le placement qui se retrancherait derrière l'autorisation donnée.

Actuellement, aucune autorisation n'est donc nécessaire pour interner un aliéné. Il suffit de présenter une demande écrite accompagnée d'un certificat de médecin et d'un passeport ou de toute autre pièce établissant l'identité de l'aliéné.

La demande peut être faite par tout parent ou ami de l'aliéné. Nous allons, du reste, rappeler les termes de l'article 8 :

« Les chefs ou préposés responsables des établissements publics et les directeurs des établissements privés et consacrés aux aliénés ne pourront recevoir une personne atteinte d'aliénation mentale s'il ne leur est remis.

1° Une demande d'admission contenant les noms, profession, âge et domicile tant de la personne qui la formera que de celle dont le placement sera réclamé, et l'indication du degré de parenté ou à défaut, de la nature des relations qui existent entre elles, la demande sera écrite et signée par celui qui la fournira, et s'il ne sait pas écrire, elle sera reçue par le maire ou le commissaire de police qui en donnera acte. Les chefs préposés ou directeurs devront s'assurer sous leur responsabilité de l'individualité de la personne qui aura formé la demande, lorsque cette demande n'aura pas été reçue par le maire ou le commissaire de police. Si la demande d'admission est formée par le tuteur d'un interdit, il devra fournir à l'appui un extrait du jugement d'interdiction.

2° un certificat de médecin constatant l'état mental de la personne à placer et indiquant les particularités de sa maladie et la nécessité de faire traiter la personne désignée dans un établissement d'aliénés et de l'y tenir renfermée.

Ce certificat ne pourra être admis s'il a été délivré plus de 15 jours avant sa remise au chef ou directeur ; s'il est signé d'un médecin attaché à l'établissement ou si le médecin signataire est parent ou allié au second degré inclusivement des chefs ou propriétaires de l'établissement ou de la personne qui fera effectuer le placement.

En cas d'urgence, les chefs des établissements publics pourront se dispenser d'exiger le certificat du médecin.

3° Le passeport ou tout autre pièce propre à constater l'individualité de la personne à placer.

Il sera fait mention de toutes les pièces produites dans un bulletin d'entrée qui sera renvoyé dans les vingt-quatre heures avec un certificat du médecin de l'établissement et de la copie de celui ci-dessus mentionné au préfet de police à Paris, au préfet ou au sous-préfet, dans les communes, chefs-lieux de département ou d'arrondissement et aux maires dans les autres communes. — Le sous-préfet ou le maire en fera de suite l'envoi au préfet. »

Les diverses formalités édictées dans cet article ont pour but d'empêcher les séquestrations arbitraires et d'établir la responsabilité de la personne qui a demandé l'internement. — Elles tendent à constater. 1º l'individualité de la personne demandant l'internement, 2º la réalité de la démence ; 3º l'individualité de la personne qu'on interne. Toute personne peut demander l'isolement d'un aliéné, mais cette demande doit être écrite, et signée par elle. Si elle ne sait pas écrire, elle est reçue par le maire ou le commissaire de police qui en donne acte. Il est important, en effet, qu'il reste une preuve matérielle de cette demande afin qu'elle n'échappe pas à la responsabilité qu'elle prend, en demandant l'internement. Mais, pour que cette formalité soit efficace, il faut s'assurer de l'identité de la personne. La loi charge de ce soin le chef de l'établissement d'aliénés, le laissant libre sous sa responsabilité de la constater de la manière qu'il jugera la meilleure. — Le projet de loi portait que l'identité serait constatée par le maire ou le commissaire de police qui apposeraient leur visa sur la demande, cette disposition fut rejetée.

L'internement ayant, au cas de placement volontaire, le traitement de l'aliéné pour but unique, la demande doit être accompagnée d'un certificat de médecin constatant la maladie mentale et la nécessité de la séquestration comme moyen curatif. — Ce certificat doit avoir moins de quinze jours de date ; il ne peut être délivré par certains médecins dont la situation peut laisser planer un doute sur l'impartialité.

La connaissance de l'identité de la personne à interner est aussi importante que celle de l'individu demandant l'internement. A la demande de séquestration doit être joint un passeport ou toute autre pièce propre à justifier de l'individualité de l'aliéné. L'appréciation en est laissée au directeur de l'établissement sous sa responsabilité. — La connaissance de cette individualité est nécessaire pour empêcher les substitutions de personnes, soit qu'on veuille cacher le nom de la personne qu'on fait enfermer, soit qu'on veuille la faire passer pour une autre personne dont on a intérêt à faire perdre la trace.

Lorsque l'état du malade nécessite son internement immédiat, lorsqu'il y a urgence en un mot, le certificat du médecin n'est pas exigé. — Il faut remarquer cependant que la dérogation à la règle générale n'a lieu qu'au cas où la séquestration a lieu dans un établissement public. L'appréciation de l'urgence est laissée au chef de l'établissement.

Le certificat médical ne doit-il pas être délivré ultérieurement et inscrit sur le registre tenu en vertu de l'article 12, ainsi que l'opinion en avait été soutenue au moment de la discussion devant la Chambre des députés ? — La négative résulte de l'examen des textes ; l'article 12 portant : « le certificat de médecin joint à la demande d'admission... ». — Il n'aurait plus du reste aucune utilité, le médecin de l'établissement ayant examiné l'arrivant et le préfet ayant délégué d'autres médecins à l'effet de lui faire un rapport.

Au cas de placement d'un aliéné interdit, il y a encore dérogation au droit commun. La demande doit être accompagnée d'un extrait du jugement d'interdiction en raison des obligations imposées au directeur vis-à-vis des interdits, par les articles 13, 14 et 17 de la loi. — Le tuteur peut demander l'internement sans le conseil de famille, mais nous verrons plus loin que ce dernier peut toujours requérir la sortie.

L'aliéné refusant de se rendre dans l'asile, peut-on employer la force publique pour l'y contraindre ? — En l'état actuel de la législation on ne peut y recourir. Il y a là une lacune regrettable dont certains procès ont montré l'inconvénient.

Toutes les conditions nécessaires pour la séquestration étant remplies, le directeur de l'établissement n'est pas tenu de recevoir l'aliéné. S'il s'agit d'un asile public, la réception dépendra du règlement de la maison et de la place qui s'y trouvera. Si l'établissement est privé, il y aura lieu d'en discuter les conditions avec le directeur.

Une fois l'aliéné interné le chef de l'établissement doit envoyer un avis de réception au préfet chargé de veiller à l'exécution régulière de la loi, accompagné du certificat du médecin de l'asile.

Un aliéné ayant des intervalles lucides, sentant l'imminence d'une crise peut-il demander lui-même à être interné. ? — La question ne fait aucun doute, du moment qu'il se présentera avec un certificat de médecin et une pièce constatant son individualité. La séquestration a pour but le traitement de l'aliéné et ce n'est pas parce que ce dernier n'aura personne pour s'occuper de lui qu'il ne doit pas être soigné.

Toutes les formalités relatives au placement volontaire que nous venons d'examiner sont applicables à certains placements faits par l'autorité publique, lorsque les aliénés qui en sont l'objet ne sont pas dangereux.

— C'est ce qui a lieu pour les militaires devenus aliénés, pour les malades en traitement dans un hôpital
devenus aliénés, pour les condamnés atteints d'aliénation mentale pendant leur détention.

Du placement d'office.

En vertu de l'article 64 du Code pénal il n'y a ni
crime ni délit lorsque le prévenu était en état de démence au temps de l'action ; mais il est de toute nécessité que la société puisse se protéger autrement contre
les actes faits par un aliéné dangereux, qu'elle puisse
le séquestrer et l'empêcher de nuire. — Des précautions
doivent être prises seulement pour que des séquestrations arbitraires ne puissent avoir lieu.

Les seuls aliénés dont le placement d'office est autorisé, sont ceux qui sont dangereux, c'est-à-dire, suivant
la loi qui compromettraient l'ordre public ou la sûreté
des personnes. Cette formule est très large et comprend
tous les aliénés qui, pour une cause quelconque, sont
un sujet de trouble. Il n'est même pas nécessaire qu'ils
fassent courir à la société un danger actuel, il suffit
qu'il soit éventuel, que par les actes qu'ils font, les discours qu'ils tiennent, ils puissent porter atteinte aux
bonnes mœurs, au respect dû aux lois, que l'exaltation
dont ils sont la proie fasse craindre une voie de fait
contre les individus ou les propriétés.

L'aliéné n'est placé d'office que parce qu'il compromet
l'ordre ou la sûreté publique ; il en résulte donc qu'au
cas où l'aliéné dangereux, soigné dans sa famille, serait traité dans de telles conditions qu'il n'y eut aucun

danger à redouter, le placement d'office ne pourrait avoir lieu.

Savoir quelle serait l'autorité chargée de statuer sur le placement d'office, fut un point longuement discuté lors du vote de la loi. Le projet reconnaissait ce droit à l'autorité administrative, chargée de veiller à la sûreté publique et de prendre les mesures de police nécessaires ; le placement des aliénés dangereux rentrait dans ses attributions normales. — Un système opposé fut proposé. La liberté individuelle de même que le droit de propriété se trouve sous la protection de l'autorité judiciaire ; elle seule peut prendre une décision qui aboutit à sa privation ; un autre amendement, tout en reconnaissant le droit de l'Administration d'arrêter les aliénés dangereux, ne l'autorisait qu'à effectuer un placement provisoire soumis à l'autorité judiciaire pour devenir définitif.

Le droit de l'Administration représentée par le préfet fut définitivement consacré sans intervention obligatoire de la justice. Ainsi que nous le verrons plus loin l'autorité judiciaire n'a que le pouvoir d'ordonner la sortie sur la demande des parties intéressées, si elle juge que l'aliénation n'existe pas. — Le pouvoir de l'Administration fut reconnu comme consacrant toute la législation antérieure qui lui donne ce droit ; l'intervention obligatoire de la justice, outre qu'elle surchargerait les tribunaux, ne pourrait avoir lieu, disait-on, que dans les formes usuelles ou par une ordonnance de référé. Dans le premier cas, la procédure employée ne pourra que compromettre la guérison de l'aliéné, allant à l'encontre de l'esprit de la loi qui, dans ce but, a voulu rendre le recours à l'interdiction inutile. — Dans le second cas, la décision dépourvue de formalités protectrices n'offrirait pas plus de garantie que l'arrêté du préfet.

L'arrêté du préfet ordonnant le placement d'office doit être motivé et relater les circonstances qui l'ont rendu nécessaire.

Le projet de loi portait qu'il serait délivré après un rapport du maire ou du sous-préfet. C'est ce qui arrive le plus souvent, mais la disposition n'est pas obligatoire et a été supprimée. La responsabilité qui pèse sur le préfet, a dit Vivien, ne permet pas d'entraver son action. — L'arrêté du préfet indique en même temps l'établissement dans lequel l'aliéné sera séquestré. — Le maintien dans cet établissement n'est pas obligatoire pour les familles, ainsi qu'il ressort de l'article 25 de la loi. Le préfet ne pourrait leur refuser l'autorisation de transférer l'aliéné dans un autre établissement, du moment que toutes les précautions nécessaires pour garantir la sûreté publique ont été prises.

Si l'aliéné est indigent et n'a pas son domicile dans le département dont le préfet l'a séquestré, le département à la charge de qui il se trouve peut demander son transport dans son asile propre. Le refus opposé à cette demande ne pourrait être basé que sur l'impossibilité résultant de l'état de l'aliéné ou sur le danger que ce transport pourrait causer à la sécurité publique. — Dans tous les autres cas l'augmentation des frais qui pourrait résulter du maintien serait à la charge du département où l'aliéné est séquestré. C'est ce qu'a décidé le Conseil d'Etat dans un arrêt du 20 décembre 1853 (D. 54. 3. 46) dans une affaire où le refus avait été dicté par des considérations d'humanité et de convenances de famille.

Le pouvoir du préfet en matière de placement d'office s'exerce aussi dans le cas où la sortie d'un aliéné dangereux placé volontairement va s'effectuer. En vertu de l'article 21, il peut convertir le placement volontaire en placement d'office, en suivant les formes indiquées dans l'article 18, que nous avons examinées plus haut. — Dès lors, l'aliéné est entièrement assimilé aux autres fous dangereux placés par le préfet et ne peut plus sortir qu'avec son autorisation ou sur réquisition de l'autorité judiciaire.

Il ne faut pas confondre les placements d'office avec les placements d'aliénés indigents. Ces derniers, quoiqu'opérés par le préfet, sont de simples placements de droit commun.

Le préfet peut souvent n'être pas averti assez rapidement pour prendre suffisamment à temps les mesures nécessitées par la divagation des aliénés. L'article 19 de la loi a prévu ce cas ; s'il y a danger imminent les maires, à Paris les commissaires de police, peuvent prendre les mesures provisoires nécessaires. — La loi du 5 avril 1884 dans son article 97, confirme de nouveau cette obligation du maire.

Nulle part le législateur ne s'est expliqué sur ce qu'il entend par mesures provisoires. Il prévoit seulement dans l'article 24 l'envoi dans les hôpitaux ou hospices. Le maire peut-il prononcer l'admission dans l'asile des aliénés dangereux ? — Certains établissements lui reconnaissent ce droit et acceptent les aliénés sur sa réquisition. D'autres considèrent qu'il agit dans ce cas en dehors des pouvoirs qui lui sont dévolus et exigent un arrêté du préfet. Pour eux, le maire ne peut qu'isoler l'aliéné, en attendant l'arrêté préfectoral prononçant son placement.

Quoiqu'il en soit et quelles que soient les mesures prises par le maire, il doit en référer dans les vingt-quatre heures au préfet qui statuera sans délai, c'est-à-dire prononcera la séquestration ou ordonnera la mise en liberté.

La loi de 1838, considérant que les aliénés sont des malades, défend, dans son article 24, de les interner même provisoirement dans des prisons ou avec des prévenus. Soit dans le trajet nécessaire pour les interner dans l'asile, soit en attendant la décision du préfet, ils doivent être placés dans l'hôpital, ou, s'il n'y a pas d'hôpital dans la localité, dans un local loué spécialement par le maire à cet effet. — Au cas où les hôteliers refuseraient de tels voyageurs, le maire pourrait prononcer la réquisition du local nécessaire. L'aubergiste ou le propriétaire requis seraient alors obligés de se conformer à cet ordre, en vertu de la disposition du Code pénal qui punit d'une amende de 6 à 10 francs « ceux qui, le pouvant, refusent de faire le service ou de prêter le concours dont ils sont requis dans les circonstances d'accidents ».

Le dépôt dans les hôpitaux ou hospices doit être, d'après la loi, essentiellement temporaire et n'être effectué que dans les cas d'urgence, quand on ne peut transporter directement les aliénés dans l'asile où ils recevront les soins nécessités par leur état.

Mais telle n'est pas, malheureusement, la pratique. Fréquemment les aliénés sont abandonnés dans les hospices pendant des temps assez longs, sous prétexte de mise en observation, au plus grand avantage des finances départementales, mais à leur plus grand désavantage. On attend qu'il y ait plusieurs malades à

conduire à l'asile pour diminuer les frais de transfère-
ment, ou bien on veut savoir si la famille ou la commune payeront, si le malade est ou non dangereux.
Pendant ce temps, privés de soins que réclame leur état
et qu'un hôpital ordinaire peut difficilement leur
donner, ils sont placés dans des cabanons, véritables
souvenirs d'un autre âge, situés dans certains hospices
près du dépôt des morts et privés d'air, de lumière et de
chauffage (Voir l'article de M. Bourneville dans les
Archives de Neurologie et le rapport de M. Monod au
Congrès de médecine mentale de 1889.)

Il ne faut pas croire que cette situation n'existe qu'en
province, on la trouve à Paris même, où presque tous
les aliénés sont conduits à l'infirmerie du dépôt de la
préfecture de police avant d'être placés à l'asile. En
1890, sur 3.876 aliénés qui sont entrés dans les asiles,
572 seulement y ont été conduits directement, le reste,
soit 3.304, ayant passé par le dépôt. Or, il faut savoir
l'organisation de cette infirmerie pour se demander
comment un pareil état de choses peut exister. C'est une
véritable prison et non pas un hospice. Le chef du service médical du dépôt, le docteur Garnier, a lui-même
signalé l'insuffisance et les mauvaises conditions hygiéniques du service qu'il dirige.

L'Administration a fréquemment reconnu cette violation de l'esprit de la loi de 1838. Les circulaires du
ministre de l'Intérieur du 6 janvier 1854 et 16 janvier 1866 ont essayé, sans résultat, de remédier à cet
état de choses.

Le rapport des inspecteurs généraux, publié en 1878,
le constate. « Ces circulaires ont été sans résultat, les
locaux sont de plus en plus mauvais et les malades y

sont toujours délaissés pendant des mois, quelquefois des années. »

De nouvelles circulaires ont été adressées aux préfets à ce sujet, le 1er août 1887 et le 11 février 1889. Le ministre de l'Intérieur ordonna même une enquête le 19 février 1889. Elle montra que les circulaires répétées n'avaient toujours pas produit un grand résultat.

Sur 121 aliénés en observation dans les hospices, 40 s'y trouvaient depuis moins de cinq jours, 28 depuis plus de cinq jours et moins de dix, 53 depuis dix jours ou plus et sur ces derniers, 25, soit près de la moitié, étaient à l'hospice depuis plus d'un mois.

Dans ces conditions, toutes les propositions et projets de lois déposés pour reviser la loi de 1838 se sont occupés de cette question de la mise en observation des aliénés dans les hôpitaux. Le projet voté par le Sénat décide que les hospices qui recevront des aliénés devront avoir des quartiers spécialement aménagés à cet effet, et que ces derniers ne pourront y séjourner plus de quinze jours à moins d'une autorisation motivée du préfet. — A la Chambre des députés, la Commission nommée pour étudier la proposition Reinach a réduit ce séjour à quarante-huit heures.

Des formalités postérieures au placement volontaire
ou d'office.

La loi de 1838, faite à une époque où les aliénés étaient presque toujours abandonnés sans aucun soin, a eu surtout pour but d'organiser leur traitement. Toutes ses dispositions ont pour fin d'en rendre le début le plus rapide possible. Ses auteurs ont cependant compris les dangers que la liberté individuelle pouvait courir et ils ont essayé de prévenir les séquestrations arbitraires. Nous avons vu à ce sujet les formalités qui doivent accompagner le placement volontaire ou d'office. Outre ces dispositions, la loi édicte toute une série de mesures pour éviter le maintien dans les établissements de tout individu non aliéné. L'organisation de ce contrôle se trouve dans les articles 9 à 12, 20, 22 et 23 relatifs aux mesures à exécuter après l'entrée de l'aliéné dans l'asile, dans l'article 4 indiquant les personnes qui peuvent inspecter les établissements et interroger les individus qui y sont renfermés.

Les formalités postérieures à la séquestration varient suivant qu'il s'agit d'un placement volontaire ou d'un placement fait par l'autorité publique.

S'agit-il d'un placement volontaire, la connaissance doit en être donnée au préfet du département où se trouve l'asile dans les vingt-quatre heures (art. 8). Le bulletin d'avis doit être accompagné de la copie du certificat qui a permis l'internement, et d'un autre certificat émané du médecin de l'établissement ; ce bulletin est adressé au maire ou au sous préfet qui le font parvenir au préfet.

Si le placement a eu lieu dans un établissement privé, le préfet, dans les trois jours de la réception du bulletin, envoie un médecin chargé d'examiner l'aliéné et de lui en faire rapport sur le champ (art. 9). Cette formalité n'existe pas, si l'internement a été effectué dans un asile public; cet établissement étant sous la dépendance plus étroite de l'Administration, la loi se contente du certificat du médecin délivré suivant l'article 8.

Le placement notifié au préfet, ce dernier doit à son tour en faire part au procureur de la République de l'arrondissement de la personne placée, au procureur de la République de l'arrondissement de la situation de l'établissement (art. 10). La liberté individuelle étant sous la protection de l'autorité judiciaire, il est nécessaire qu'elle soit avertie des internements effectués; Mise en éveil, elle pourra, s'il y a lieu, procéder à une enquête et pénétrer même dans l'asile en vertu de l'article 4 dont nous parlerons plus loin. Si elle juge les motifs du placement insuffisants, elle pourra demander officieusement au préfet de prononcer la sortie ou s'adresser au tribunal qui pourra l'ordonner en vertu de l'article 29. S'il y a des éléments constitutifs du délit de séquestration puni par le Code pénal, elle pourra en poursuivre les auteurs.

La surveillance de l'aliéné ne doit pas s'exercer seulement au moment de son placement, elle doit continuer tout le temps de sa séquestration pour empêcher qu'il puisse être retenu une fois guéri.

Dans ce but, quinze jours après le placement, le médecin de l'établissement doit envoyer au préfet un nouveau certificat indiquant l'état du malade. Il doit, en outre, tous les mois, consigner sur le registre, dont nous allons parler, les changements survenus dans sa maladie.

D'après l'article 12 de la loi, chaque établissement doit posséder un régistre, coté et paraphé par le maire, où sont inscrits tous les individus placés volontairement. Il doit contenir le nom de la personne qui a réclamé l'internement, la copie du certificat médical joint à la demande d'admission et celle du certificat envoyé au préfet par le médecin de l'asile. — Cette inscription doit avoir lieu immédiatement après l'entrée, suivant le texte de la loi. Elle doit être faite même si l'individu était relâché dans les vingt-quatre heures comme étant sain d'esprit. Il y a grand intérêt à ce que cette prescription soit exactement remplie pour établir la responsabilité de la personne qui a requis le placement.

La copie du certificat joint à la demande d'admission ne pourrait être remplacée par celle d'un autre certificat délivré, au moment du placement, par un médecin étranger à l'établissement. C'est ce qu'a décidé la Cour de cassation dans un arrêt du 27 décembre 1875 (D. 76, 1, 67). Tout est, en effet, de droit étroit dans ces prescriptions et cela à juste titre. Ce certificat n'offre pas toutes les garanties désirables pour les autorités chargées du contrôle. Le médecin, quoique étranger à l'établissement, peut être choisi dans un but de partialité ; il peut, de plus, se tromper dans son diagnostic. Sous le coup de l'émotion que lui cause son internement, l'individu nouvellement arrivé se trouve dans de mauvaises conditions pour être examiné. Il en résulte que cette infraction à la loi tombe, dans tous les cas, sous le coup des pénalités de l'article 41. Elle peut même donner lieu à des dommages-intérêts en faveur de l'aliéné, si elle a pour conséquence de lui porter préjudice ; ce qui arrivera lorsque le certificat ne sera pas semblable à celui qui était joint à la demande d'admission (Cour de cassation, même arrêt).

Si, à raison de l'urgence, le placement a pu avoir

lieu sans certificat de médecin, il n'y a pas lieu, ainsi que nous l'avons vu plus haut, à sa transcription ultérieure.

Sur ce registre, le médecin de l'établissement doit, ainsi que nous l'avons vu, constater chaque mois l'état de santé de l'aliéné. — Sa sortie ou son décès doivent y être portées.

Dans ces conditions un véritable répertoire concernant les individus internés se trouve constamment à jour. Il facilite ainsi le contrôle aux personnes qui en sont chargées.

Au cas de placement d'office l'individu interné doit, ainsi qu'il est fait pour les placements volontaires, être inscrit sur un registre. Ce registre, spécial aux placements d'office, doit être tenu conformément à l'article 12 que nous avons analysé plus haut.

Le préfet doit notifier le placement non seulement aux procureurs de la République de l'arrondissement de la personne placée et de l'arrondissement de la situation de l'établissement, mais aussi au maire du domicile de l'individu. Ce dernier doit avertir les familles qui pourront prendre les mesures nécessaires si elles jugent que l'internement n'est pas suffisamment motivé.

Une fois le placement effectué, l'attention du préfet doit être périodiquement attirée sur l'individu qu'il a interné. Dans ce but, les effets du placement ne durent que six mois et chaque semestre, sur le rapport du médecin de l'établissement, il doit statuer sur chaque cas et prendre un arrêté prononçant la sortie ou le maintien dans l'asile.

Nous venons de voir toutes les mesures à prendre pour garantir la liberté individuelle. — Mais ces mesures sont-elles appliquées régulièrement, toute la question est là. — Dans ce but, il a fallu en organiser le contrôle en permettant la visite des établissements d'aliénés. C'est à quoi s'est efforcé de pourvoir l'article 4.

D'après cet article, l'entrée des établissements publics et privés est ouverte au préfet, aux personnes déléguées par lui ou le ministre de l'Intérieur, au président du tribunal, au procureur de la République, au juge de paix et au maire de la commune. — En somme, les établissements d'aliénés peuvent être inspectés par des agents de l'administration et des magistrats de l'ordre judiciaire. — Parmi les agents de l'administration, nous trouvons les délégués du ministre de l'Intérieur. En 1835, on avait créé à cet effet un corps permanent d'inspection générale du service des aliénés ; modifié en 1848 et en 1852, il a été supprimée en 1883.

Parmi les magistrats de l'ordre judiciaire, on ne trouve pas les premiers présidents des Cours d'appels, les procureurs généraux et les juges d'instruction. Cette omission est volontaire, car le législateur a pensé que trop éloignés et trop occupés, ils n'useraient pas de ce droit. S'ils ne sont pas chargés de contrôler la tenue des établissements d'aliénés, ils peuvent toujours y entrer dans les conditions de droit commun, dans le cas où ils seraient avertis qu'il s'y commet un fait de séquestration arbitraire.

De l'ensemble des observations qui ont été faites, lors de la discussion de l'article, il résulte que les chambres craignirent un trop grand nombre de visites de la part de toutes les personnes qui en avaient le droit. Elles redoutaient que les secrets des familles

fussent divulgués et que le traitement des aliénés fût
compromis par tous les interrogatoires qu'on leur ferait subir. Le gouvernement se justifia en invoquant
le besoin qu'au cas où un événement se produirait nécessitant une enquête, il y eut toujours quelqu'un à
proximité qui put y procèder. Il promit que ces visites
seraient faites avec discrétion, et dans ce but l'article
établit pour ces diverses personnes, non pas l'obligation mais seulement la faculté de visiter les établissements. — Cependant, comme il se pouvait que ces divers fonctionnaires se fiant sur leurs collègues ne
fissent aucune visite, le contrôle du procureur de la
République fut rendu obligatoire. Il doit visiter les établissements privés, une fois par trimestre et les établissements publics une fois par semestre.

Les visites ont un double but : 1° voir si tous les réglements administratifs sont suivis : 2° examiner si aucun
fait de séquestration arbitraire existe. — Le second point
nous touche seul en ce moment. A cet effet, les fonctionnaires qui en sont chargés interrogent les malades, reçoivent leurs plaintes s'il y a lieu, examinent et visent
les livres qui doivent être tenus en vertu des articles 12
et 18 de la loi. Pouvant prendre tous les renseignements
nécessaires, ils peuvent en fait poursuivre une véritable enquête même extérieure. Lors de la discussion de
la loi, il avait été demandé qu'une amende put être
prononcée, ainsi que cela se fait en Angleterre contre
les personnes qui refuseraient de comparaître. L'amendement fut repoussé pour la raison suivante. Le plus
souvent, l'enquête sera ordonnée par le procureur du
roi et dans ce cas les dispositions du Code pénal contre
les témoins récalcitrants sont suffisantes.

De la sortie des aliénés séquestrés.

La sortie des individus séquestrés dans un établissement d'aliénés est soumise à des règles différentes suivant qu'il y a eu placement volontaire ou placement d'office. Il n'y a d'exception que pour l'autorité judiciaire qui dans, tous les cas, peut ordonner la sortie.

Le placement volontaire ayant été exécuté spontanément, dans le seul but du traitement de l'aliéné, en dehors de l'autorité administrative qui se désintéresse de la question, il doit cesser, soit lorsque les parents réclament la sortie, soit lorsque les médecins déclarent la guérison obtenue.

L'internement ayant pour but unique la guérison de la maladie mentale, dès que la constatation en est faite par le médecin de l'établissement, la sortie de l'individu guéri doit avoir lieu. — La déclaration des médecins a une autorité souveraine, et le directeur qui maintiendrait dans l'asile l'individu qui en a fait l'objet se rendrait coupable d'une séquestration arbitraire, s'exposant aux peines prévues par l'article 120 du Code pénal. La seule chose qu'il pourrait faire s'il pensait que la mise en liberté puisse être dangereuse pour la sécurité publique, serait, par analogie avec l'article 14, d'avertir le maire qui pourrait surseoir à la sortie à la charge d'en référer au préfet.

Peut-on, dans l'état actuel de la législation, autoriser les sorties à titre d'essai? ce système a été beaucoup préconisé comme hâtant dans certains cas la guérison d'aliénés convalescents et comme permettant d'être entièrement fixé sur la guérison d'individus jugés susceptibles de rechutes. Il n'a pas toujours produit les bons effets qu'on en attendait, les individus ne trouvant pas à leur sortie les conditions matérielles et morales nécessaires. — De la combinaison des articles 13 et 14, il résulte que la sortie peut toujours avoir lieu, mais la réintégration peut-elle se produire sans l'accomplissement des formalités requises pour le placement? Dans la pratique on l'admet; mais la légalité de ce système est fort contestable. Nulle part, la loi ne parle pas de ces sorties conditionnelles, et du moment que l'aliéné a été élargi sur la décision du médecin ou la demande d'un parent, il y a droit acquis à son profit et on ne peut y porter atteinte qu'en remplissant les formalités prévues par l'article 8.

On considère dans la pratique l'aliéné évadé de l'asile comme faisant toujours partie de l'effectif légal et comme pouvant être réintégré sans aucune formalité. Cependant, un jugement du tribunal de Besançon du 15 février 1888 (*Revue des établissements de bienfaisance*, 1888, p. 210) a décidé que du moment qu'un certain laps de temps s'est écoulé depuis l'évasion, il y a droit acquis au profit de l'aliéné et que la réintégration ne peut avoir lieu qu'en remplissant les formalités du placement. Conséquence devant découler de cette théorie, la réintégration dans l'asile ne peut se faire *manu militari*, puisqu'il y a un véritable placement nouveau et que l'emploi de la force publique est prohibé dans les placements volontaires.

La sortie de l'établissement peut être demandée avons-nous dit, par les parents et certaines autres personnes, bien que l'aliéné ne soit pas guéri. — Suivant la personne qui réquiert la mise en liberté, la sortie peut avoir lieu de suite ou bien doit être autorisée par une décision du conseil de famille, On a craint que certains parents dont l'affection est présumée moins vive que celle des proches, n'abusent de la faiblesse de l'aliéné non guéri pour s'approprier sa fortune et l'abandonner sans soin.

Peuvent requérir la sortie sans aucune autorisation : le curateur nommé par le tribunal pour veiller sur le traitement de l'aliéné, l'époux ou l'épouse ; s'il n'y a pas d'époux ou d'épouse, les ascendants ; s'il n'y a pas d'ascendants, les descendants ; enfin, la personne qui a signé la demande d'internement. Ayant pris la responsabilité de la séquestration, il est juste qu'elle puisse s'en décharger, lorsqu'elle le juge nécessaire. La loi dit : s'il n'y a pas d'ascendant, les descendants peuvent demander la sortie. Ils ne pourraient le faire si au lieu d'un ascendant, se trouvait un époux ; la loi préférant un époux à un ascendant elle doit à plus forte raison le préférer à un descendant.

Tous les autres parents ne peuvent demander la sortie qu'avec l'autorisation du conseil de famille. Il en est ainsi, par exemple, pour les frères et sœurs de l'aliéné. L'autorisation du conseil de famille est encore nécessaire au cas où il y a désaccord entre plusieurs descendants ou ascendants, au cas où l'un des parents s'opposerait à la sortie demandée par la personne ayant signé la demande d'admission.

Sous le nom de parents, d'ascendants et de descendants, il faut comprendre les femmes au même titre que les hommes, nulle part, dans les travaux préparatoires et dans la loi, on ne trouve formulée leur exclusion.

Tout ce que nous venons d'exposer ne s'applique

qu'aux aliénés majeurs et non interdits. — Pour les mineurs et les interdits, leurs tuteurs seuls peuvent demander leur sortie. — Il semble en ce qui touche les interdits que cette disposition soit en opposition avec l'article 510 du Code qui charge le conseil de famille de décider si l'aliéné sera traité dans son domicile, s'il sera placé dans une maison de santé ou même dans un hospice. Mais, lors de la discussion de l'article 14, on a décidé qu'on ne dérogerait pas aux lois sur la tutelle et l'interdiction, et nous estimons que le conseil de famille pourra toujours exiger la sortie de l'interdit. En effet, l'article 14 se concilie très bien avec l'article 510 et veut simplement dire que toute personne hors le tuteur ne pourra requérir la sortie, ce dernier ne pouvant agir, du reste, que dans la limite de ses attributions. Telle est l'opinion de MM. Colmet de Santerre, tome II, n° 294 *bis* II ; Demolombe, tome II, n° 872 ; c'est de même l'opinion suivie par la jurisprudence. C'est ce qui résulte d'un jugement du tribunal de la Seine du 22 novembre 1881 (*Le Droit*, 27 nov. 1881). Ce jugement considère que les articles 14 et 17 de la loi de 1838 ont eu simplement pour but de régler la procédure de retrait des aliénés interdits sans modifier l'article 510. Il décide même que le conseil de famille a le droit de régler les communications de l'interdit avec son tuteur, le directeur de l'établissement étant obligé de se conformer aux mesures prises.

Le curateur du mineur émancipé et le conseil judiciaire du prodigue peuvent-ils requérir leur mise en liberté ?

On répond ordinairement par l'affirmative. S'ils ne sont chargés que de veiller sur la fortune de leurs protégés, l'intérêt qu'ils leur portent, suffit, dit-on, pour justifier cette intervention. Il y a là, cependant, une extension arbitraire de l'article 14 qui ne parle pas du curateur et du conseil judiciaire ; le seul droit qu'ils aient est de demander au préfet de vouloir bien ordonner la sortie ou bien de s'adresser au tribunal.

Il résule, de la combinaison des articles 14 et 15, que les personnes qui réclament la sortie de l'aliéné doivent former une véritable demande écrite et signée indiquant en quel nom elles agissent.

La demande régulièrement faite a un caractère obligatoire pour le directeur de l'établissement qui ne peut conserver interné l'aliéné qui en a été l'objet. Il doit le mettre en liberté de suite, et, dans les vingt-quatre heures de la sortie, en avertir l'autorité administrative afin qu'elle puisse surveiller la nouvelle situation de l'aliéné, si elle le juge nécessaire (article 15).

S'il s'agit d'un mineur ou d'un interdit, ils ne peuvent être remis qu'à leurs tuteurs.

Le directeur de l'établissement doit, avons-nous dit, remettre de suite en liberté l'aliéné, dont la sortie a été régulièrement requise par un de ses parents ; il y a, cependant, un cas où il pourrait surseoir à la sortie ; si la mise en liberté était dangereuse pour la sûreté des personnes ou l'ordre public. Le maire, sur l'avis conforme du médecin de l'établissement, ordonnerait un sursis provisoire à la sortie, à charge d'en référer au préfet dans les vingt-quatre heures (article 14). — Ce sursis ne peut être prononcé que si la sûreté des personnes ou l'ordre public sont menacés. Il ne pourrait, dans l'état actuel de la législation, être prononcé dans l'intérêt de l'aliéné lui-même. — Bien souvent, cependant, cette sortie peut présenter pour lui de graves inconvénients, soit que sa propre sûreté soit compromise, soit que la personne qui doit s'en charger ne puisse pas prendre tous les soins nécessités par son état. Une sortie prématurée peut, dans certaines conditions, être cause de rechutes. Le sursis ne pourrait être prononcé non plus sous prétexte que le prix de la pension n'a pas été payé. Il y aurait délit de séquestration arbitraire.

Dans le délai de quinze jours, à partir de ce sursis, le préfet doit statuer et prononcer, s'il le juge nécessaire, le placement d'office. Au cas de silence de sa part, l'aliéné serait élargi à l'expiration du délai de quinzaine.

Le préfet chargé de la surveillance des établissements d'aliénés peut toujours, et dans tous les cas, ordonner la sortie d'un aliéné placé volontairement.

Le préfet agissant dans l'intérêt de l'ordre public peut encore ordonner la mise en liberté d'un mineur ou d'un interdit.

Le placement d'office ayant lieu dans l'intérêt collectif, le préfet seul peut ordonner la mise en liberté, lorsque l'aliéné est guéri ou n'offre plus de danger pour la société. Il prononce l'élargissement soit au moment du rapport semestriel fait par le médecin, soit dans l'intervalle, lorsque ce dernier aura déclaré que la sortie pouvait avoir lieu.

Une question qui se pose et dont l'importance sera mise en lumière, lorsque nous étudierons la question des aliénés, dits criminels, est de savoir si la guérison obtenue, l'individu peut être maintenu dans l'asile, au cas où des rechutes sont à craindre? L'accord n'est pas fait sur ce point, la plupart des auteurs soutiennent la négative. La loi d'après eux ne s'occupe que des aliénés, elle parle d'établissements destinés à recevoir et à soigner des aliénés et non pas des individus qui ne sont plus alié-nés. Enfin, l'article 15 déclare que « toute personne placée dans un établissement d'aliénés cessera d'y être retenue aussitôt que les médecins de l'établissement auront déclaré sur le registre tenu d'après l'après l'article précédent que la guérison est obtenue... »

Cette argumentation n'est pas convaincante. Examinons les articles relatifs au placement d'office. L'article 23 ne force pas le médecin à déclarer si la guérison est obtenue, mais si la sortie peut être ordonnée ; en outre, le préfet n'est pas obligé de prononcer l'élargissement, mais de statuer sans délai. Il en est de même dans l'article 20. Quant à l'article 13, il décide bien que toute personne guérie doit être remise en liberté, mais cet article placé dans la section relative aux placements volontaires ne s'applique pas dans ce cas où il s'agit de placements d'office. — Le préfet a donc toute latitude de maintenir séquestré l'individu guéri, si des rechutes sont à craindre, et peuvent être dangereuses pour la sécurité publique.

Comme recours suprême contre les décisions de l'autorité administrative et contre celles des familles, la loi de 1838 a admis l'intervention du pouvoir judiciaire. — L'administration peut avoir été induite en erreur, les familles, peuvent, avec la complicité des chefs d'établissements, s'être efforcées de séquestrer dans un but criminel un de leurs membres; les tribunaux judiciaires gardiens et protecteurs de la liberté individuelle ont le dernier mot et décident s'il n'y a pas eu violation de la loi. Cet article 29 a donné lieu lors des travaux préparatoires à une vive controverse. — Les uns demandaient que les tribunaux soient seuls et toujours appelés à statuer sur l'internement puisqu'il y a privation de liberté individuelle ; les autres, au contraire, repoussaient toute intervention judiciaire qui avait pour but de réformer les actes de l'administration. — Le système actuel que permet le placement soit par les familles, soit par le préfet et qui rend l'intervention du tribunal facultative fut admis pour les raisons suivantes. La question des aliénés comporte deux points de vue également importants : le point de vue de la préservation sociale et celui de la garantie de la liberté individuelle. — A l'administration représentée par le préfet incombe le premier soin ; il n'appartient pas aux tribunaux de prendre des mesures de police de sûreté publique, cela ne rentre pas dans leur rôle et ils s'acquitteraient mal de cette tâche. Quant à la protection de la liberté individuelle, elle est suffisamment garantie par leur intervention facultative ouverte largement. Nous avons dit plus haut les inconvénients de l'intervention obligatoire. — Cette intervention va créer, dit-on, le plus souvent, un conflit avec l'administration. Il n'y a dans cette répartition de pouvoir rien d'anormal, chacun faisant dans sa sphère les actes qui lui sont propres. Lorsque l'autorité administrative a fait des actes d'instruction provisoire, lorsqu'elle a fait arrêter un individu pour crime, lorsqu'elle a saisi ses papiers, procédé à son interrogatoire et qu'un acte de la Chambre du conseil intervient qui met cet homme en liberté, on ne dit pas qu'il y a conflit entre l'autorité administrative et l'autorité judiciaire.

Quelles sont les personnes qui peuvent s'adresser au

tribunal? Ce sont le curateur nommé par le tribunal, le procureur de la République, tout parent ou ami, enfin, l'individu lui-même détenu dans l'asile. — Dans le cas d'interdiction, la loi édictant la même disposition que celle contenue dans l'article 14, décide que le tuteur seul pourra demander la sortie. On peut, cependant, se poser ici la question, comme nous l'avons fait plus haut, de savoir si la sortie ne pourrait être demandée par une personne déléguée par le conseil de famille? — Pour les mêmes raisons, nous concluons à l'affirmative. — Le procureur de la République, agissant dans l'intérêt public, peut toujours demander la sortie.

S'il s'agissait d'un aliéné indigent, le département ne pourrait, dans son intérêt propre, afin de s'épargner une charge financière, demander sa sortie au tribunal en vertu de l'article 29.

La demande de sortie doit être présentée au tribunal civil qui est seul compétent. Cette compétence judiciaire est absolue et on ne pourrait y porter atteinte, même indirectement. C'est ce qu'a jugé le Conseil d'État dans un arrêt du 16 décembre 1881 (D. 83, 3, 25). Un département ne pourrait attaquer pour excès de pourvoir un arrêté du préfet ordonnant le placement d'office. La compétence judiciaire, en matière de liberté individuelle, est une règle absolue; or, la demande du département tendrait à préjuger cette question. Le département pourrait-il s'adresser au tribunal? Non, car il n'est pas compris parmi les personnes énumérées dans l'article 29 et le tribunal n'a pas à connaître des placements au point de vue pécuniaire qui touche seul le département.

Le tribunal compétent est celui du lieu de la situation de l'établissement. Le projet de loi assimilant cette requête à une demande personnelle avait désigné le tribunal du domicile de l'aliéné. On ne peut pas dire, cependant, qu'il y a une action personnelle, du moment qu'il n'y a pas eu d'interdiction prononcée. On poursuit plutôt la réparation d'une sorte de délit commis par la personne qui retient l'aliéné guéri et cette réparation doit être prononcée par le tribunal du lieu où il se commet. Du reste, des considérations d'ordre pratique s'opposaient à la disposition du projet de loi. Le point principal à constater est l'état actuel de la personne internée ; le tribunal de la situation de l'établissement dont le procureur est appelé à visiter pourra juger en meilleure connaissance de cause et apprécier plus facilement la situation dans laquelle se trouve la personne intéressée. Supposons que le procureur estime l'internement non justifié, que devrait-il faire, si c'était le tribunal du domicile qui était compétent? Serait-il forcé de requérir devant un autre tribunal que celui auprès duquel il est accrédité?

La loi ne dit pas dans quelle forme la requête doit être présentée. Certains tribunaux, très larges à ce sujet, se conformant à l'esprit de la loi, consentent à examiner toute demande, quelle que soit la forme dans laquelle elle est présentée. D'autres, au contraire, exigent que la requête soit faite régulièrement et présentée par un avoué. Ce formalisme a pour conséquence d'empêcher, le plus souvent, l'individu interné de pouvoir user du bénéfice de l'article 29. Il peut même faire reculer un parent ou un ami devant la dépense qu'il occasionne.

Le tribunal examine la requête en Chambre du conseil, afin de la soustraire à la publicité de l'audience qui pourrait être une source de scandale soit en divulguant le secret des familles ou les attaques erronées contre un chef d'établissement. Après les vérifications nécessaires, le tribunal ordonne la sortie immédiate s'il y a lieu. — Pour les raisons énoncées plus haut, sa décision n'est pas motivée.

Cette décision est-elle soumise à appel ? — C'est là une question d'un intérêt plus théorique que pratique, puisque le demandeur peut toujours introduire une nouvelle demande, la situation ayant pu se modifier depuis la précédente. — Quoiqu'il en soit, l'accord n'est pas fait sur ce point. Il semble cependant, d'après la discussion devant les Chambres, que l'affirmation doive être adoptée. « Quel est, a dit Vivien, le caractère de la décision ? Elle est rendue en la Chambre du conseil ; elle n'est pas motivée, elle est prononcée sur requête. Or, d'après le droit commun, d'après les formes habituelles de la procédure, ces sortes de décisions sortent immédiatement leurs effets ; elles ne sont pas l'objet d'une contradiction, elles ne sont pas rendues en présence d'un adversaire ; c'est le tribunal qui statue sur la requête qui lui est adressée. Si la partie dont la requête a été rejetée n'est pas satisfaite, elle peut se pourvoir devant l'autorité supérieure qui procède dans les formes indiquées par le Code de procédure civile ; la Commission pense qu'il n'existe aucun motif pour déroger aux règles de la procédure qu'il faut que ces décisions soient soumises en tous points aux règles établies pour toutes les décisions analogues. »

Afin de faciliter l'accès du tribunal à des personnes le plus souvent peu fortunées, l'article 39 décide bien que tous les actes auxquels la réclamation peut donner lieu seront timbrés et enregistrés sans frais, mais le visa pour timbre et l'enregistrement ont lieu en débet et non pas gratis. C'est une distinction importante à remarquer, car la direction de l'enregistrement s'efforce de recouvrer l'impôt si elle peut espérer en percevoir une partie. Elle intente des poursuites soit contre la famille de l'aliéné, soit contre le receveur de l'établissement, si l'aliéné est interné dans un asile public et qu'il ait quelque argent. La famille peut être ainsi forcée de payer pour des actes auxquels elle n'a pris aucune part et dont la répétition fréquente n'est souvent qu'un résultat de la maladie. Il est fort dure d'un autre côté, si ces droits doivent être payés sur les quelques biens d'un aliéné, qu'il soit forcé de les acquitter, lorsque le plus souvent il ne fait qu'obéir à son affection mentale.

Pour que le tribunal puisse statuer sur les requêtes et réclamations qui lui sont adressées par les individus internés, la loi défend aux directeurs des établissements de retenir aucunes réclamations adressées, soit à l'autorité judiciaire, soit à l'autorité administrative. Cette disposition est formelle et aucune exception ne devrait y être apportée, même si ces requêtes portaient les signes de l'insanité d'esprit la plus complète. Toute infraction à cet ordre serait passible des peines prévues à l'article 41.

Cette disposition s'applique-t-elle aux lettres écrites par un individu séquestré ?

Cette question met en jeu le principe du secret de la correspondance. Rappelons-en brièvement les règles. La Cour de cassation n'a pas toujours eu une jurisprudence fixe à ce sujet. Telle qu'elle existe aujourd'hui,

on peut décider que le secret de la correspondance est
en principe inviolable. Il y a exception, si la correspondance n'est pas présumée avoir un caractère confidentiel, et si les personnes dans les mains de qui elle
se trouve en sont détenteurs légitimes.

Ces caractères existent dans les lettres écrites par
des individus séquestrés. Il n'y a pas confidence. Pour
que le caractère confidentiel existe, il faut que la lettre
soit l'œuvre d'une volonté réfléchie qui a conscience
de ce qu'elle fait. La même condition est nécessaire
pour qu'il y ait lettre missive. Or, elle n'existe pas ici ;
tout individu séquestré est, d'après la loi, présumé
aliéné. Ces lettres sont légitimement dans les mains
du directeur. Par les élucubrations qu'elles con-
tiennent, elles montrent les caractères de la maladie
dont l'aliéné est atteint et sont nécessaires pour l'établissement du traitement à lui faire suivre. Du reste,
l'esprit même de la loi de 1838 s'oppose à ce qu'elles
parviennent à leur destination. Cette loi a eu pour but
de protéger la société, de faire régner la tranquillité
dans l'intérieur des familles, d'assurer le traitement
de l'aliéné, en l'isolant. Or, que deviendrait cet isolement, si l'aliéné pouvait correspondre avec le dehors,
écrire et recevoir des lettres. Cette correspondance ne
ferait le plus souvent que jeter le trouble dans la société et la famille, que compromettre la guérison de
l'aliéné par l'excitation qu'elle lui causerait.

Ces raisons nous suffisent, et nous n'emploierons pas
l'argument basé sur l'article 29. Il y a là, en effet, un
argument *a contrario* et nous savons ce qu'ils valent en
général. On pourrait dire que la fin de l'article 29 a eu
pour but de sanctionner pénalement, en ce qui touche

un point particulier, les principes généraux, sans vouloir les abroger dans le reste des cas.

La Cour de cassation saisie de la question a jugé dans ce sens, Cassation, 17 décembre 1875 (D. 76. 1. 67).

Elle a en outre décidé dans la même affaire que le directeur attaqué pour séquestration arbitraire pourrait s'en servir en justice pour sa légitime défense. Ici, la Cour semble être allée trop loin. Le directeur peut se défendre sans produire ces lettres, il n'a qu'à prouver qu'il a rempli toutes les formalités prévues par la loi. — Il est inutile de révéler à l'audience les élucubrations d'un aliéné et ainsi que l'a dit M. l'avocat général Reverchon, l'application de la sentence, *maxima debetur puero reverentia* est de mise vis-à-vis des aliénés qui sont intellectuellement de véritables enfants.

Si en vertu de l'article 29 le tribunal a ordonné la sortie immédiate de l'individu séquestré, le préfet pourra-t-il prendre à nouveau un arrêté ordonnant le placement d'office ? — Il faut distinguer. L'affirmative est certaine si de nouveaux faits se sont produits depuis la décision du tribunal, mais dans le cas contraire le préfet ne peut porter atteinte à la liberté d'un individu mis en liberté par le tribunal. Cela résulte formellement de la discussion préalable de la loi.

Toutes les dispositions que nous avons passé en revue relatives à la garantie de la liberté individuelle sont sanctionnées par les pénalités inscrites dans l'article 41 de la loi de 1838. Ces pénalités consistent en un emprisonnement de cinq jours à un an et en une amende de 50 à 3.000 francs ou en l'une ou l'autre de ces deux peines. Il faut remarquer qu'elles ne visent que les infractions aux [dispositions de la loi de 1838 et qu'elles laissent subsister le droit commun en ce qui touche la séquestration arbitraire et les attentats à la liberté individuelle punis par les articles 341 et suiv., 114 et 122 du Code pénal. Cet état de choses a été l'objet de vives attaques et l'on a reproché à la loi de 1838 de n'avoir rien ajouté au Code pénal pour prévenir et punir les atteintes à la liberté individuelle. M. Huc s'est fait notamment le porte-parole de ces reproches, déclarant que les peines de l'article 41 étaient inutiles et qu'un homme qui risquait les travaux forcés ne serait pas arrêté par une amende ou un emprisonnement correctionnel. Ces peines, pour être appliquées, supposent la bonne foi des directeurs d'établissements et ne peuvent avoir pour résultat que d'empêcher la négligence puisqu'en cas de crime, elles se confondraient avec celles plus fortes inscrites dans le Code pénal.

En définitive, cependant, il considère que le Code pénal est suffisant pour réprimer les atteintes portées à la liberté individuelle, conclusion à laquelle la question posée dans l'Enquête de 1869 avait aboutie.

Des diverses critiques formulées contre la législation actuelle.

Toutes ces dispositions de la loi de 1838 forment la partie capitale de la législation sur les aliénés, celle contre laquelle les plus vives critiques, disons même, les plus fortes accusations ont été portées. — Ces critiques portent sur les dispositions de la loi et sur les lacunes qu'elle contient relativement aux aliénés séquestrés dans leurs familles et aux aliénés dits criminels.

Jusqu'au milieu du second Empire l'application de la loi de 1838 ne donna lieu à aucune réclamation. On ne faisait au contraire que se louer de cette législation que presque tous les peuples de l'Europe nous empruntaient et qui, pour la première fois, avait résolu le problème qui se posait, dans l'intérêt des malades et dans l'intérêt de la société. — C'est seulement vers 1860 que des attaques éclatèrent et parvinrent à émouvoir l'opinion publique. Leur prompt succès doit être plutôt cherché dans la situation politique que dans les imperfections et les lacunes de la législation en vigueur. — Ainsi que l'a dit M. Roussel, après douze ans de régime autoritaire, l'opinion publique, facilement impressionnable, vit des dangers là où on n'avait trouvé jusque-là qu'un ensemble de garanties précieuses pour l'individu, pour sa famille et pour la société.

Voilà quelques exemples de ces critiques plus que vives tirés des journaux de l'époque. L'emprisonnement est élevé à la hauteur d'une méthode curative par une école qui, depuis Molière, n'a pas avancé d'un pas (*Journal des villes et des campagnes*, 1864). — Il est temps enfin de combattre au nom du bon sens et de Descartes les aberrations de la psychologie morbide des Esquirol et des Broussais (*id.*). — La science compte pour rien la liberté individuelle. Le premier venu peut, armé de la signature du premier médecin venu, interner un citoyen sans autre forme de procès (*Le monde*, 1863). — Les asiles sont des oubliettes, sombre et despotique, le pouvoir médical y règne sans contrôle ; ce sont des bastilles dont le certificat médical est la lettre de cachet. Des malheureux opprimés sont enfouis, sains d'esprit, dans ces tombeaux vivants (*Presse*, 1867).

— La loi n'est qu'un traquenard préparé pour le crime et pour l'arbitraire ; les médecins des ignares ; les asiles des prisons. Il faut réduire de 10.000 à 1.000 le nombre des individus qui y sont incarcérés (*Avenir national*, 1865). — Le grand coupable c'est la loi ; le médecin c'est le complice (*Presse*, 1865).

Les critiques apportées contre cette partie de la loi de 1838 visent, en premier lieu, la faculté de faire interner un aliéné, laissée à tout individu sans qu'il y ait besoin de l'intervention de l'autorité judiciaire, en second lieu, la défectuosité de la surveillance et du contrôle postérieur à l'internement.

Sur la nécessité de l'intervention de l'autorité judiciaire pour autoriser l'internement d'un aliéné, la divergence des opinions est considérable.

Pour les partisans de l'intervention des tribunaux, le système des garanties établies est illusoire et la liberté de chacun de nous est à la merci du premier venu. Il lui suffira, pour cela, de se munir du certificat d'un médecin, certificat rédigé d'une manière sommaire sans indiquer les signes caractéristiques de la maladie et n'offrant, le plus souvent, aucune preuve sérieuse de la démence. Il n'y a rien d'extraordinaire, en effet, à penser qu'il peut être une œuvre de complaisance ou le résultat d'une erreur. Les médecins ne sont pas au-dessus des autres hommes. Actuellement, la concurrence dans leur profession devient de plus en plus âpre, et la faim, mauvaise conseillère, peut faire taire leur conscience. D'un autre côté, leur bonne foi étant mise hors de doute, il n'est aucun cas où ils peuvent plus facilement se tromper ou être induits en erreur ; la pathologie du cerveau est obscure et délicate et jusqu'à ces derniers temps, connue à peine de quelques maîtres, elle était ignorée de la masse des médecins auxquels on ne l'enseignait pas à l'école. Les conditions dans lesquelles ils sont le plus souvent appelés à rédiger leur certificat, souvent après une visite plus ou moins rapide et superficielle sont, en outre, des causes fréquentes d'erreur. — Si le certificat qui a servi à requérir l'internement peut être sujet à caution, le certificat délivré dans les trois jours par le médecin délégué par l'Administration et celui délivré au bout de quinze jours par le médecin de l'établissement empêcheront l'internement d'un individu sain d'esprit. — Il n'en est rien, répondent les adversaires de la loi. D'abord, l'individu interné à tort sera, le plus souvent, en proie à une exaltation qui pourra faire croire à la folie ; ensuite, les aliénistes ont tendance, ainsi qu'on l'a remarqué, à voir partout des fous et le médecin de l'établissement, aussi bien que celui délégué par l'Administration, penseront que la folie se révèlera par la suite si la personne internée ne leur semble pas malade et ils n'attesteront jamais qu'elle est saine d'esprit.

La liberté des individus présumés atteints d'aliénation mentale est moins protégée, a-t-on dit, que celle des individus poursuivis pour une infraction à la loi pénale. Leur détention, plus ou moins longue, se termine toujours par leur comparution devant un tribunal. Même au cas de flagrant délit, on ne peut, aux termes de l'article 40 du Code d'instruction criminelle, décerner un mandat d'amener contre eux qu'autant qu'il existe des indices graves. « La dénonciation seule ne constitue pas une présomption suffisante pour dé-

cerner cette ordonnance contre un individu ayant domicile. »

Les intérêts pécuniaires d'un individu sont mieux protégés que sa liberté. On n'a pour s'en convaincre qu'à
ouvrir le Code civil et à examiner par exemple les formalités nécessaires pour qu'une transaction faite au
nom d'un mineur soit valable. Le tuteur ne peut tran-
siger qu'après l'autorisation du conseil de famille et
l'avis de trois jurisconsultes désignés par le procureur
de la République ; la transaction doit ensuite être homologuée par le tribunal. A côté de cela ce même tuteur
voulant faire interner son pupille n'a qu'à rédiger une
demande accompagnée du certificat d'un médecin
quelconque.

En résumé, disent les partisans de l'intervention de
l'autorité judiciaire, l'internement prive le malade de
sa liberté individuelle et de l'administration de ses
biens. Il est donc porté atteinte à son état civil et social et c'est à la justice seule qu'appartient le droit de se
prononcer sur une question aussi grave. Quant au médecin, compétent pour établir le diagnostic médical, il
figurera à titre d'expert simplement comme dans nombre d'affaires judiciaires.

Toutes ces attaques dirigées contre la loi de 1838 proviennent de ce qu'on a méconnu complètement la
pensée qui a guidé le législateur. Nous n'avons pas
voulu faire une loi judiciaire, disait Vivien. L'aliéné est
un malade qui peut être dangereux et qu'il faut soigner et mettre dans l'impossibilité de nuire ; dans ce
but, les mesures nécessaires doivent être prises le plus
promptement possible et c'est le médecin qui est la première personne qui doit intervenir pour voir si l'alié-

nation existe ; il faut recourir de même à l'autorité administrative chargée de veiller à la sécurité publique et habituée aux mesures expéditives qui répugnent à la justice. On ne conteste pas que l'internement dans un asile d'aliénés doit être contrôlé et surveillé pour empêcher les séquestrations arbitraires ; que l'autorité judiciaire gardienne de la liberté individuelle, doit intervenir dans ce but ; mais les mesures prises dans ce but ne doivent pas être préalables à l'admission qu'elles retarderaient, elles doivent la suivre.

Les Chambres, en se ralliant à ce système, se prononcèrent en connaissance de cause. — En effet, ce ne fut qu'après une longue discussion quatre fois répétée et suscitée par l'opposition d'Isambert et d'Odilon Barrot, qui entendaient qu'aucun placement n'eut lieu sans l'autorisation des tribunaux, que les dispositions de l'article 8 de la loi furent votées.

Vouloir accorder aux seuls tribunaux judiciaires le droit de prononcer l'internement d'un aliéné, parce que, dit-on, la liberté individuelle est mise sous leur protection, c'est confondre les faits et les idées. — Autant l'on comprend qu'un individu ayant commis une infraction à la loi pénale ne puisse être emprisonné sans un jugement du tribunal qui constate la dite infraction et prononce la peine, autant l'on ne comprend pas que ce tribunal soit saisi de la question de savoir, si un individu est aliéné et s'il doit être mis en traitement. Le tribunal est incompétent pour établir ce diagnostic et il sera forcé de ratifier simplement le diagnostic porté par le médecin. — Actuellement, le médecin, en ordonnant l'internement d'un aliéné, ne rend en aucune manière une décision judiciaire sur l'état des personnes, comme certains auteurs semblent le prétendre. L'aliénation étant une maladie qui exige l'internement, il ne fait que la constater ; ce n'est pas lui qui prive le fou de sa liberté et modifie sa situation civile, c'est l'aliénation dont il est atteint et personne autre que lui ne peut avoir compétence pour la constater.

Cette intervention du tribunal, lors du placement, est d'autant plus inutile que d'après l'article 29, de la loi de 1838, tout individu et l'interné lui-même peuvent recourir devant le tribunal et lui demander d'ordonner l'élargissement immédiat. Voilà le vrai contrôle judiciaire, car l'attention de la justice peut être appelée sur des faits qui peuvent paraître injustifiés et le jugement n'est ensuite rendu qu'après un débat conduit suivant les règles de la procédure.

Il ne faut pas oublier, malgré toutes ces attaques, que les cas de séquestrations arbitraires sont très rares. Comme l'a dit fort justement M. Roussell dans son rapport au Sénat « toutes les séquestrations ayant « l'aliénation mentale pour prétexte, se sont accom- « plies ou s'accomplissent, soit au sein des familles « elles-mêmes, soit dans des établissements soustraits « aux prescriptions de la loi de 1838 et en dehors des « établissements publics ou privés créés et régis en « vertu de la loi. »

Si nous passons à l'étude des différents projets élaborés pour reviser la loi de 1838, tous, sauf celui rédigé en 1871, par la Société de législation comparée, et celui présenté en 1872 à l'Assemblée par MM. Roussel, etc., qui n'exigeait aucune autorisation pour le placement des aliénés et se contentait du visa du juge de paix, font intervenir l'autorité judiciaire dans le placement des aliénés.

Nous ne rappellerons que pour mémoire le projet de MM. Gambetta et Magnin, présenté le 21 mars 1870 au Corps législatif. D'après lui, aucun internement ne pouvait être effectué qu'après une décision du jury. Les auteurs avaient reconnu eux-mêmes l'impossibilité absolue d'appliquer ce système, et ils ne le représentèrent pas lors du dépôt de la proposition de M. Roussel à l'Assemblée nationale.

Le projet de loi, déposé en 1880, par le gouvernement sur le bureau du Sénat, admettait le principe de l'intervention de l'autorité judiciaire pour tout placement. Le ministre de l'Intérieur, dans son exposé des motifs considérait cette innovation comme une concession qu'il fallait faire aux ombrages de l'opinion publique. Comprenant cependant que le traitement du malade exige son internement rapide, il décidait que tout aliéné pourrait être admis provisoirement dans un asile, sans aucune autorisation ; mais qu'aucun placement soit volontaire, soit d'office ne pourrait être rendu définitif que par le tribunal. — Dans les trois jours de son admission, tout aliéné devait être visité par le procureur de la République assisté d'un médecin ; il pouvait, s'il le jugeait nécessaire, procéder à une enquête. Il adressait ensuite ses réquisitions écrites au tribunal qui statuait d'urgence en la Chambre du Conseil sur le maintien à titre définitif ou la sortie de la personne placée. La décision du tribunal devait intervenir dans le délai d'un mois à partir de l'internement provisoire. — Les personnes admises à titre provisoire devaient être placées dans des quartiers d'observation séparés des autres parties de l'établissement.

L'Académie de médecine, appelée à donner son avis sur ce projet, critiqua les mesures d'admission à titre provisoire, et le rôle de l'autorité judiciaire. Elle déclara avec raison qu'ordonner dans chaque asile la création d'un quartier d'observation serait conduire à établir un nouvel asile dans chaque asile existant, ce qui serait inconciliable avec la situation financière des départements. Ce quartier d'observation devrait avoir les mêmes divisions et les mêmes services que l'asile, car on ne pourrait laisser sans les moyens de traitement appropriés des individus dans la période aiguë de leur mal. Le quartier serait du reste inutile, car ce qu'on veut, c'est que les personnes internées provisoirement ne soient pas confondues avec les personnes dont le placement est définitif, et il n'est pas nécessaire dans ce but, de créer tout un quartier. Cela se pratique actuellement sans que ce soit une obligation légale, et un pavillon d'admission serait suffisant pour les cas où la prescription offrirait des avantages.

La Commission du Sénat maintint le principe établi par le texte présenté par le gouvernement, se bornant à l'améliorer dans le détail. — Ainsi, elle établit que l'individu interné devrait être visité non seulement par le procureur de la République, mais encore par deux membres de la Commission permanente qu'elle établissait dans chaque département. — Comprenant qu'il serait souvent difficile au procureur de la République de visiter lui-même l'individu interné, vu les distances, les asiles étant souvent très éloignés du chef-lieu d'arrondissement, elle lui permettait de déléguer à sa place le juge de paix. Elle restreignait d'un mois à vingt jours le laps de temps dans lequel le tribunal devait statuer sur l'internement définitif. Elle permettait, en outre, au médecin de l'établissement de faire passer de suite l'aliéné du quartier d'observation dans un autre quartier s'il le jugeait nécessaire pour son traitement.

Le projet voté par le Sénat supprima l'obligation pour les asiles de posséder un quartier d'observation. Quant au procureur de la République, il ne fut plus obligé, soit par lui-même, soit par un délégué, de visiter l'aliéné lors de son internement, il était remplacé par un médecin.

La Commission de la Chambre des députés, chargée dans la dernière législature de l'examen de la proposition Reinach, admit le principe de l'intervention judiciaire.

Tout individu interné sur une demande accompagnée d'un rapport médical au procureur de la République est placé provisoirement à l'infirmerie de l'asile et y est maintenu, si les exigences de son traitement le permettent, jusqu'à la décision de l'autorité judiciaire ordonnant son internement définitif. — Dans les vingt-quatre heures de l'admission, le directeur de l'asile envoie le bulletin d'entrée, le rapport médical et un certificat rédigé par le médecin de l'établissement, dit certificat de vingt-quatre heures, au préfet et au procureur de la République. Quinze jours après ce placement, un nouveau certificat est adressé au préfet et au procureur de la République. Ce dernier, muni de ces différentes pièces, adresse alors ses réquisitions au président du tribunal qui statue par simple ordonnance sur l'internement de l'aliéné. — Si des oppositions sont faites au placement, la décision est rendue par le tribunal réuni en la chambre du Conseil. Les placements d'office sont soumis aux mêmes formalités.

Les critiques dirigées contre cette partie de la loi portent aussi sur le défaut de surveillance et de contrôle des établissements d'aliénés. — Ici tout le monde est d'accord pour en reconnaître la justesse. La surveillance constante qui, suivant Vivien, devait s'exercer sur tous les établissements d'aliénés n'existe pas. C'est là le grand grief que l'on peut faire à la loi et la cause de toutes les attaques dont elle a été l'objet.

L'idée d'une commission de contrôle des placements qui, dans le projet du gouvernement, devait siéger à côté du préfet, fut abandonnée et, craignant de créer une dépense nouvelle, l'on se contenta de charger de la surveillance une foule de fonctionnaires qui, ainsi que nous l'avons dit, n'étant pas rémunérés, à ce sujet, n'accordent aux inspections qu'ils sont chargés de faire qu'une attention tout à fait secondaire. Il en résulte que la loi n'est pas ou est mal appliquée. — D'après ses dispositions chaque établissement est soumis à l'inspection du préfet ou de ses délégués, des délégués du ministre de l'Intérieur, du président du tribunal, du juge de paix et du maire de la commune, du procureur de la République. La visite de ce dernier est obligatoire et doit avoir lieu une fois par semestre pour les asiles publics, une fois par trimestre pour les asiles privés. Le maire, le juge de paix, le président du tribunal, ne visitent jamais les établissements d'aliénés ; quant au préfet, il le fait lors de sa tournée annuelle de revision, si les établissements ne sont pas trop éloignés de son chemin.

Les visites du procureur de la République sont obligatoires, mais elles ne se font pas cependant partout. Quelle est leur valeur là où elles se font ? — Le substitut chargé de l'inspection commence par consulter le registre dont la tenue est ordonnée par l'article 12 de la loi ; mais ce registre est ordinairement mal tenu et il est obligé de s'en rapporter aux renseignements qui lui sont fournis par le directeur. Du reste, cette visite hâtive, au milieu de nombreux aliénés, n'offre aucune garantie et est nécessairement superficielle. La faisant seul, sans être accompagné d'un médecin aliéniste, le substitut risque de ne pas écouter les plaintes d'une personne saine d'esprit, qui se trouverait parmi des aliénés qui réclament tous contre leur incarcération. — Le parquet est bien averti des placements par les notifications qui lui sont faites par le préfet, et il pourrait suivre la situation des aliénés qui en sont l'objet ; mais le plus souvent ces notes s'égarent dans les cartons et ne sont jamais consultées.

Avant 1879 il existait, il est vrai, une inspection générale des aliénés qui rendait de grands services. — Cette inspection, qui fonctionnait déjà en 1838 fut définitivement organisée par le décret du 15 novembre 1848, qui répartissait l'inspection générale des services administratifs en 3 sections : prisons, établissements de bienfaisance, asiles d'aliénés. Cette dernière section se composait de 3 inspecteurs qui devaient être choisis parmi les docteurs médecins ayant exercé pendant 5 ans les fonctions de directeur médecin, de médecin en chef ou de directeur dans un service public d'aliénés d'au moins 100 malades.

Ainsi que l'a constaté M. Roussel dans son rapport,

l'œuvre de cette inspection a été « éminement utile et
« féconde » : « tout ce qui s'est fait de bien relative-
« ment à la construction des asiles, au recrutement du
« personnel, aux réglements intérieurs est dû à leur
« initiative et à leur constante application. Le rapport
« publié par eux en 1878 est un véritable monument;
« il leur fait le plus honneur et a été en quelque sorte
« le couronnement de leur œuvre. »

Cependant cette inspection n'a pas donné tous les
résultats qu'elle aurait pu rendre. En effet, les inspecteurs n'étaient que les délégués du ministre de l'Intérieur ainsi qu'il résultait de l'art. 4 de la loi de 1838.
N'agissant pas en vertu d'un droit propre, ils ne faisaient leurs tournées qu'aux époques fixées par le ministre et suivant l'itinéraire qu'il traçait. S'ils faisaient
d'autres visites c'était seulement lorsque des missions
extraordinaires leur étaient confiées par le ministre.
Réunis en conseil de section ils ne délibéraient que sur
les questions d'organisation et d'administration qui
leur étaient soumises par le ministre.

En second lieu, la plus grande partie du travail des
inspecteurs était souvent perdue, leurs rapports allaient
s'enfouir dans les bureaux du ministère de l'Intérieur
sans qu'on y donna la suite qu'ils comportaient.

Quoiqu'il en soit, le service de l'inspection générale
des aliénés désorganisé en 1879 fut complétement supprimé par le décret du 31 mars 1883.

Si au régime français, nous comparons le régime qui
fonctionne en Angleterre, nous verrons combien efficacement il pourvoit à la surveillance et au contrôle du
service des aliénés, à la différence du nôtre. Tout le
système repose sur le board commisionners in lunary

créé en 1845. Ce board est composé de 11 membres parmi lesquels 3 sontpris parmi les médecins et 3 parmi es avocats ; les membres qui sont avocats et médecins sont appointés et touchent un traitement de 37.500 fr. par an. Les pouvoirs de ce conseil, étendus et multiples, lui permettent d'être la plus sûre des garanties contre les séquestrations arbitraires.

Au board sont notifiés tous les faits relatifs au service des aliénés. Il est averti de l'admission de tout malade soit dans un établissement spécial, soit chez un particulier, de sa sortie, de son évasion ou de son décès. Les listes nominatives des aliénés indigents, conservés par leurs familles et visités par les médecins de charité locaux, lui sont envoyées. On lui adresse copie dans les 3 jours des notes d'inspection consignées sur les registres spéciaux de tous les établissement d'aliénés.

A l'aide de ces documents, le board tient un registre général des aliénés ou chacun est inscrit avec les particularités qui le concernent ; il établit en outre, le dossier de chaque établissement avec les observations qui le concernent.

Aucun asile ne peut être créé ou modifié sans que les travaux aient été approuvés par le board. Il donne son avis sur le règlement interne des établissements avant qu'il ait été approuvé par le ministre de l'Intérieur. Pour les questions générales intéressant les établissements spéciaux, il rédige des instructions, adresse des circulaires, fait des règlements.

Il contrôle lui-même par les visites que ses membres sont obligés de faire et par celles qu'ils peuvent faire quand il le jugent à propos, l'état des aliénés placés dans des établissement spéciaux ou chez des particuliers, les commissionners ont, en outre, le droit de faire des enquêtes, de citer des témoins à comparaître devant eux, d'intenter des poursuites contre ceux qui transgressent les lois sur les aliénés.

Le board publie chaque année un rapport général sur le service dont il est chargé, qui est imprimé et est mis dans le commerce à la disposition du public. — Ce rapport, très complet, après des considérations générales sur l'ensemble du service comprend toute une série de tableaux de statistique, des relations sur l'inspection des asiles, sur les accidents graves survenus, sur les poursuites exercées sur l'initiative du board. Il se termine par la reproduction des circulaires envoyées par le board et est accompagné de nombreux appendices.

Grâce à cet organisme, la liberté individuelle est en Angleterre à l'abri de toute atteinte et des améliorations journalières sont apportées au service des aliénés.

Ce système ne pourrait pas fonctionner en France où il ne cadrerait pas avec notre droit public, il en serait notamment ainsi en ce qui concerne les pouvoirs judiciaires du board. Mais l'idée fondamentale qui s'en dégage, la création de commissions permanentes chargées de surveiller le service des aliénés a été préconisée par beaucoup de personnes qui les considéraient comme pouvant seules donner à la liberté individuelle, à la justice et à l'intérêt social les garanties qui sont réclamées. Cette idée, encore confuse, se retrouve dans l'enquête de 1869 ; mais ce n'est qu'en 1871, dans l'enquête ouverte par la société de législation comparée sur la réforme de loi de 1838, qu'on trouve nettement formulée l'idée de la création dans chaque département d'une commission permanente des aliénés. Cette création était proposée par MM. Vanay, Ribot et Georges Picot, alors magistrats ; par les docteurs Blanche, Falret, Lunier, Mottet. Cette proposition prit place dans le projet de revision de la loi de 1838 rédigé par la société de législation comparée.

La Commission chargée d'examiner la proposition de loi déposée à l'Assemblée international, par M. Roussel, admit le principe de l'institution d'une Commission départementale surveillant les aliénés, protégeant leur personne et administrant leurs biens.

En 1881, la Commission extra-parlementaire, instituée par le ministre de l'Intérieur pour étudier la revision de la loi de 1838, proposait l'établissement de Commissions permanentes de surveillance.

Dans le projet de loi déposé par le gouvernement, l'établissement de ces Commissions permanentes était abandonné et le système de contrôle et de surveillance se réduisait : 1° à étendre à tous les établissements d'aliénés les Commissions de surveillance administrative et financière ; 2° à étendre aux maisons privées assimilées aux établissements, les visites prescrites par l'article 4 de la loi de 1838 et à rendre ces visites plus régulières ; 3° à réorganiser l'inspection générale, tout établissement devant être visité une fois l'an ; 4° à rendre obligatoire, lors de chaque placement, la visite du procureur de la République assisté d'un médecin.

Comme nous le savons, le système était dominé par l'intervention du tribunal pour tout placement définitif.

Cette intervention, de l'autorité judiciaire, ne pouvait être efficace qu'autant qu'une Commission permanente mettrait à sa disposition les éléments d'appréciation nécessaires pour se prononcer avec sûreté sur la situation des aliénés. Or, les dispositions prévues par le projet du gouvernement étaient insuffisantes pour remplir ce but ; ainsi, elles ne s'appliquaient qu'aux seuls aliénés placés dans les établissements spéciaux.

Dans ces conditions, la Commission sénatoriale, chargée d'examiner le projet de loi, modifia tout le système de contrôle. Elle commença par établir dans chaque département une Commission permanente des aliénés.

Cette Commission était composée d'un magistrat, d'un membre de la Commission départementale, d'un conseiller de préfecture, d'un avocat, d'un avoué ou ancien avoué, d'un notaire ou ancien notaire, enfin, d'un médecin. Dans les départements où se trouvait un asile départemental, elle comprenait, en outre, les membres de la Commission de surveillance de l'asile. Des indemnités de déplacement étaient allouées aux membres de la Commission ; en outre, un traitement était accordé au médecin secrétaire et au membre chargé de l'administration des biens des aliénés. — Les attributions de cette Commission étaient très importantes. En premier lieu, toute personne placée dans un établissement d'aliénés devait être visitée dans les cinq jours par deux membres de la Commission, dont un devait être toujours le médecin secrétaire ; ils faisaient un rapport sur cette personne qui était transmis au procureur de la République. La Commission pouvait s'opposer provisoirement à la sortie d'un aliéné si elle la jugeait dangereuse pour la sécurité publique. En sens inverse, elle pouvait toujours se pourvoir devan le tribunal pour demander la sortie d'une personne internée, même s'il s'agissait d'une personne interdite.

La Commission, devait faire visiter par un de ses membres accompagné du médecin, au moins une fois tous les 3 mois, les aliénés placés dans un établissement ou traités dans un domicile particulier.

Elle exerçait envers les personnes non interdites, placées dans les établissements publics ou privés, les fonctions d'administrateur provisoire et en déléguait l'exercice à un ou plusieurs de ses membres.

Enfin, en dehors de ces attributions spéciales, la Commission donnait son avis sur toutes les questions relatives aux aliénés de sa circonscription.

Chaque année elle rédigeait un rapport sur l'ensemble du service qui était transmis au ministre de l'Intérieur.

La Commission du Sénat réorganisait l'inspection générale du service des aliénés et, afin d'être assuré de la capacité de ses membres, établissait qu'ils seraient nommés par le ministre à la suite d'un concours. — Sans énumérer l'étendue de leur action, qui devait être celle de la loi elle-même, elle disposait que « les inspecteurs généraux convoquent chaque Commission permanente, se font rendre compte de leur fonctionnement et s'assurent de l'exécution des lois et règlements relatifs aux aliénés ».

Toute cette organisation n'aurait pas été complète, si l'on n'avait établi au centre, à Paris, un Comité supérieur des aliénés, siégeant au ministère de l'Intérieur. Cette création avait été réclamée par la Société de législation comparée, par les médecins en chef

des asiles, par l'Académie de Médecine. — En conséquence, la Commission du Sénat établissait un Comité
central composé de membres de la magistrature, de
l'administration et de médecins. Il avait comme attributions de coordonner les documents transmis par les
préfets, d'examiner les rapports des Commissions permanentes ; de constituer un répertoire général des
aliénés ; de dresser la liste de présentation des candi-
dats aux emplois de médecins en chef des asiles et
de secrétaire des Commissions permanentes ; de donner enfin son avis sur toutes les mesures propres à assurer l'exécution des lois et réglements concernant le
service des aliénés. — Il devait adresser tous les ans
un rapport au ministre de l'Intérieur qui devait être
imprimé et inséré au *Journal officiel*.

Tout ce système organisait fortement la surveillance
et le contrôle du service des aliénés·et accordait à la
liberté individuelle toutes les garanties qu'elle était en
droit d'exiger. Malheureusement, il fut complètement
désorganisé par le Sénat, pour qui il suffisait qu'aucun placement ne put avoir lieu sans l'intervention
de l'autorité judiciaire. La clef de voûte du système,
l'institution des Commissions permanentes fut attaquée par le gouvernement qui lui reprochait d'annihiler les pouvoirs de l'Administration. Il estimait
en outre que les prescriptions qui leur étaient imposées étaient impossibles à exécuter et entraîneraient
des charges considérables. — Dans ces conditions,
le Sénat rejeta l'institution des Commissions permanentes et maintint simplement le médecin secrétaire
qui devenait le médecin inspecteur, et le curateur à la
personne et aux biens de l'aliéné. — Le médecin inspec-

teur devenait le chef du service des aliénés dans le département.

Le Sénat maintint la création d'un Comité supérieur, mais par le fait de la suppression des Commissions permanentes, ses attributions furent diminuées dans une certaine mesure.

Dans le système arrêté par la Commission de la Chambre des députés chargée d'examiner la proposition Reinach, on ne trouve plus ni médecin inspecteur ni Comité supérieur des aliénés. On se contente des visites des fonctionnaires, telles qu'elles sont prévues par la loi de 1838, en s'efforçant de les rendre effectives, et de l'inspection générale.

Le Conseil supérieur de l'Assistance publique remplace le Comité spécial, et donne son avis sur toutes les questions relatives aux aliénés.

L'organisation des Commissions de surveillance des asiles est améliorée. On y fait entrer un magistrat et le curateur aux biens des aliénés. Mais leurs fonctions se bornent à remplir les fonctions du Conseil de famille et à surveiller les asiles publics.

Des aliénés soignés dans leurs familles.

Une des lacunes les plus importantes de la loi de 1838 se rapporte à la surveillance des aliénés soignés dans des maisons privées ou dans leurs familles.

La question s'était bien posée à l'esprit du législateur de 1838 et il avait compris la nécessité d'en organiser la surveillance. Mais ayant déjà à lutter pour la création d'établissements spéciaux consacrés au traitement des maladies mentales, création considérée comme une atteinte aux droits des familles, il s'abstint de réglementer la situation des aliénés soignés dans des maisons privées ou dans leurs familles.

Les aliénés compris dans cette catégorie sont très nombreux ainsi que nous l'avons vu en nous occupant du dénombrement des aliénés et leur situation est digne de retenir l'attention.

En premier lieu, il faut remarquer que toutes les séquestrations arbitraires se produisent non dans les établissements établis par la loi de 1838 mais dans les maisons privées ou les aliénés sont placés par leur famille et souvent dans l'intérieur même de la famille; l'expérience montre en effet, comment l'aliénation mentale en se prolongeant amène autour d'elle une véritable altération des sentiments qui donne toute liberté aux calculs intéressés.

Du reste, cette surveillance est nécessaire, même lorsque l'aliéné est entouré de l'affection des siens. Il est hors de doute et reconnu par tous les aliénistes, que le traitement à domicile ou dans des maisons non spécialement affectées à ces maladies, ne produit jamais de bons résultats, exception faite, peut-être, pour certains gâteux et déments séniles. — L'aliéné ne trouve pas chez lui, ni peut pas y trouver l'ensemble de soins qui donnés à temps peuvent soit le guérir, soit tout au moins améliorer son état.

Il faut dire enfin que ce séjour de l'aliéné au milieu de sa famille produit souvent de mauvais effets sur des cerveaux faibles ou très impressionnables, comme ceux des enfants.

Actuellement, dans l'état de la législation, aucune autorité publique n'a le droit d'intervenir pour critiquer le traitement auquel ces aliénés sont soumis, le mode de gestion de leur fortune, et même l'absence de tous soins et de tout traitement.

Bien plus, le droit des familles d'agir d'autorité envers leurs membres atteints de folie, n'est pas contestable. — La jurisprudence et les auteurs reconnaissent même qu'ils ne sont pas protégés par les dispositions générales des lois sur la liberté individuelle. — Les articles 475 et 478 Code pénal punissant d'une amende et même d'emprisonnement « ceux qui auront laissé divaguer des fous ou des furieux étant sous leur garde » rendent inapplicables les dispositions du Code pénal et du Code d'instruction criminel relatives aux séquestrations arbitraires. Ainsi, en 1885, la Cour de Toulouse, Chambre des mises en accusation, a rendu une ordonnance de non lieu en faveur de personnes poursuivies pour séquestration de parents aliénés. — Il faut pour que le Code pénal soit applicable qu'il y ait violences graves.

Toutes les fois qu'il s'est agi de réformer la législation de 1838, la surveillance des aliénés traités dans des maisons privées ou dans leurs familles a été proposée et vivement combattue. — Les arguments qu'on a mis en avant peuvent se résumer dans le droit de la famille de soigner ses membres malades comme elle l'entend, et dans l'intérêt qu'elle a, à ne pas divulguer la maladie qui l'a frappée dans l'un des siens. L'intérêt de la famille doit passer avant l'intérêt public et le souci de la liberté individuelle.

Les paroles suivantes, dites par M. Lacaze, membre de la Commission nommée en 1873 par l'Assemblée nationale pour étudier une réforme de la loi de

1838, montreront jusqu'où on est allé dans cette voie.

« Si je suis un père dénaturé, je puis avec nos lois ac-
« tuelles enfermer par contrainte mon enfant et le tenir
« séquestré. Ce sera un crime et ce crime sera impuni.
« Je le veux bien, et j'ajoute que je redoute moins cet
« état de choses que celui que vous proposez pour le
« corriger ! Comment ! j'aurai dans ma famille cette
« cruelle affliction de l'aliénation mentale et vous vou-
« drez me condamner à rendre cette affliction plus
« cruelle encore en la révélant. Vous dites que la folie
« est héréditaire et que la société n'a qu'à gagner, si,
« par suite d'une révélation semblable, ma fille est mise
« dans l'impossibilité de se marier. Moi, je réponds que
« si la société a ses droits qui sont de se préserver par
« sa vigilance, j'ai aussi mes droits qui sont de sauve-
« garder ma situation, l'honneur et le bonheur de ma
« famille. — Prenez vos informations, gardez-vous de
« moi et des miens, mais ne me faites pas une loi de me
« mettre moi-même avec ma famille au ban de la so-
« ciété. »

A tout cela, on peut répondre que l'intérêt de la liberté
individuelle, de l'individu, d'accord avec l'intérêt de la
société, doit passer avant celui de la famille. A notre
époque, où l'organisation de la famille a été profondé-
ment modifiée, alors qu'elle n'a plus aucun pouvoir sur
ses membres majeurs, on ne voit pas comment elle
peut s'opposer à ce qu'on surveille la manière dont elle
soigne ceux de ses membres qui sont atteints d'aliénation mentale. — Du reste, actuellement, nos lois sur l'hygiène ne forcent-elles pas à déclarer les personnes atteintes de certaines maladies contagieuses, dans un but
de préservation sociale, et en Angleterre ces mêmes

personnes ne peuvent-elles pas être conduites dans des hôpitaux spéciaux ? — On ne prétend pas aller jusque-là et la simple surveillance laisse la famille libre de choisir le mode qu'elle juge le meilleur pour soigner ses membres. Du moment qu'elle ne les maltraite pas, ce simple contrôle doit lui être indifférent. Bien plus, on peut dire que ce contrôle lui profitera et qu'il est de son intérêt qu'il soit établi, et cela, à un double point de vue. Que de fois des familles se voient atteintes par l'éclat d'actes commis par un de leurs membres aliéné et qu'une intervention opportune de la science et de la loi préviendrait. Que de fois à l'affection première, aux soins empressés, l'aliénation en se prolongeant substitue peu à peu la sécheresse de cœur, les mauvais traitements qu'un contrôle arrêtera, en empêchant la famille de glisser sur la pente fatale.

Quant à l'objection tirée de la divulgation de la maladie, croit-on que la déclaration et la surveillance établie, la facilitera beaucoup, dans un pays et à une époque où la place du reportage s'est tellement étendue, que tout fait intéressant le public de près ou de loin est de suite répandu.

La plupart des législations étrangères ont du reste compris l'utilité incontestable de cette surveillance et nous ont devancé dans cette voie.

En Belgique, d'après l'article 25 de la loi du 18 juin 1850 maintenu par la nouvelle loi des 25 décembre 1873 et 25 janvier 1874, nulle personne ne peut être séquestrée dans son domicile ou celui de ses parents qu'après que l'aliénation mentale a été constatée par deux médecins, l'un désigné par la famille ou les personnes intéressées, l'autre par le juge de paix du canton. Ce dernier doit visiter l'aliéné une fois par trimestre et peut le faire visiter par un médecin toutes les fois qu'il le jugera nécessaire. Le médecin de la famille doit en outre, remettre un bulletin trimestriel au juge de paix.

La loi hollandaise, du mars 1884, étend la surveillance de l'état à tous les aliénés soignés à domicile ou chez leurs parents, du moment qu'ils sont privés de liberté.

En Norwège, la loi du 17 août 1848, porte que nul ne peut être détenu comme aliéné dans son domicile, chez des parents ou des étrangers ou être gardé à vue sans qu'avis en ait été donné aussitôt que possible au pasteur ou à un médecin, lequel devient dès lors responsable de l'exécution de la loi et doit adresser un rapport au département de l'Intérieur.

Si nous examinons la législation de la Grande-Bretagne, nous voyons en Ecosse qu'un aliéné ne peut être mis en pension pour de l'argent chez des étrangers, sans une ordonnance du shériff ou l'autorisation du bureau (Board of commissionners in Lunacy). Il y a exception cependant pour les malades placés temporairement et pour une période qui n'excède pas six mois, à la condition qu'un médecin atteste que la maladie n'est pas encore confirmée et qu'une résidence temporaire de ce genre peut être utile. — Quant aux aliénés résidant dans leurs familles, l'état ne s'en occupe que lorsqu'on suppose qu'ils sont traités durement on soumis à des moyens de correction; dans ce cas, et lorsqu'ils sont aliénés depuis plus d'un an, les commissionners vont les visiter, et, s'ils le jugent nécessaire, ils peuvent obtenir du shériff qu'il les fasse conduire dans un asile.

S'inspirant de ces exemples, les divers projets de réforme de la législation de 1838 se sont efforcés d'établir la surveillance et le contrôle des aliénés traités hors dès asiles spéciaux, tout en tenant compte, dans la mesure du possible, des susceptibilités des familles.

Le projet voté par le Sénat portait que tout individu, en dehors de certaines personnes que nous allons indiquer, ne pourrait soigner un aliéné dans un domicile privé sans en faire la déclaration écrite au procureur de la République dans le délai d'un mois, déclaration devant être accompagnée d'un rapport écrit d'un médecin. Par ce fait, le domicile privé était assimilé aux établissements publics ou privés. Il était même formellement expliqué que l'administration des biens de l'aliéné était soumise aux mêmes règles que les biens des aliénés internés dans les établissements publics. — Pour les aliénés soignés par leur tuteur, leur conjoint, l'un de leurs ascendants ou de leurs descendants, leur frère ou sœur, oncle ou tante, aucune déclaration n'était nécessaire du moment que ces derniers présidaient personnellement à leur traitement. Une déclaration devait être faite cependant, si la nécessité de tenir l'aliéné enfermé avait déjà duré depuis trois mois. Au cas où il aurait été reconnu qu'il recevait des soins insuffisants, le tribunal aurait pu le confier à un autre parent ou le placer dans un établissement public ou privé.

Ces dispositions tenaient compte du désir des familles de tenir cachée l'affection mentale qui frappe un de leurs membres. En effet, s'il ne s'agit que d'une crise aiguë susceptible de guérison, celle-ci aura lieu probablement avant l'expiration du délai de trois mois et personne n'aura eu connaissance de la terrible maladie. Si l'alié-

nation dure depuis plus de trois mois, il y a malheureusement grande chance pour qu'elle devienne chro-
nique, et après un laps de temps aussi long, il y a peu
d'espoir qu'on puisse la cacher ; dans ces conditions, la
déclaration qui devra être faite ne portera aucun préjudice à la famille.

La Commission de la Chambre des députés chargée
d'étudier la proposition Reinach s'est appropriée ces
dispositions qu'elle n'a fait que modifier légèrement.
Elle a réduit d'un mois à quinze jours le délai dans
lequel toute personne soignant un aliéné doit en faire
la déclaration ; elle exige en second lieu qu'au cas où
il est soigné par ses parents, ces derniers résident dans
son domicile. Cette condition avait été admise par la
Commission sénatoriale, mais avait disparu lors de la
discussion au Sénat. Son rétablissement nous semble
en effet nécessaire pour garantir que ce sont bien les
parents qui donnent leurs soins à l'aliéné. Sans cette
obligation, comment l'administration pourrait-elle vérifier si le parent préside réellement aux soins donnés
à l'aliéné?

Des aliénés dits criminels et des condamnés devenus
aliénés.

Il faut nettement distinguer ces deux catégories d'individus et ne comprendre sous le nom d'aliénés criminels que les personnes aliénées au moment où elles ont
commis l'acte puni par la législation criminelle.

La loi de 1838 ne contient aucune disposition relative
à ces aliénés. — Actuellement leur internement est

toujours très difficile, quelquefois impossible ainsi que nous allons le voir et leur sortie entourée d'aucune garantie spéciale. — L'on jugera de la gravité de cette situation, lorsqu'on saura que la manie homicide est difficilement curable et que les monomanes qui en sont atteints doivent être considérés comme essentiellement dangereux. Guéris dans l'asile, dès qu'ils sont rendus à la liberté et plongés dans un milieu social agité, ils ont tendance à éprouver des rechutes qui amènent fatalement les mêmes excès, et cela, subitement la plupart du temps, sans qu'on puisse prévenir les malheurs qu'ils commettent. — Ces remarques s'appliquent du reste à tous les aliénés dangereux et à nombre d'épileptiques dont les attaques sont accompagnées d'absence ou de fureur. Les nombreux homicides commis par un fou nommé Vacher, qui ont rempli les journaux ces temps derniers, montrent la nécessité d'une solution urgente préservant la société de pareils individus.

Tous les aliénistes sont d'accord à ce sujet; il n'y a qu'à voir notamment les discussions qui ont eu lieu à l'Académie de médecine en 1883 et au Congrès international de médecine mentale de 1878.

Si l'individu qui a commis l'acte qu'on lui a reproché est encore aliéné au moment où il est l'objet d'une ordonnance de non lieu ou d'un acquittement de la part du tribunal correctionnel, il est remis à l'autorité administrative pour que celle-ci l'interne ; mais avant de prononcer l'internement, le préfet ordonne une nouvelle expertise de son état mental. Souvent elle a pour résultat sa mise en liberté, en le déclarant sain d'esprit, soit que les motifs qui ont guidé le médecin désigné par le préfet ne fussent pas les mêmes que ceux de l'expert nommé par l'autorité judiciaire, soit que l'isolement et le calme aient modifié son état de santé et amené une guérison temporaire. — Enfin, le préfet, limité par les crédits du conseil général, hésite avant de faire interner un aliéné, ne prenant cette mesure que vis-à-vis ceux qui sont très dangereux pour le moment.

Si l'acquittement a eu lieu en Cour d'assises, une nouvelle difficulté se produit. L'article 358 du Code d'In. Cr. ordonnant de relâcher immédiatement l'individu acquitté s'il n'est retenu pour une autre cause, l'autorité judiciaire ne peut le garder pour le remettre entre les mains de l'autorité administrative et ainsi l'internement peut devenir impossible. Nous ne pouvons nous rallier à l'opinion de M. Barbier qui soutenait l'avis contraire, considérant que l'aliénation mettant en péril la sécurité publique, est bien une autre cause permettant à l'autorité judiciaire de retenir l'individu acquitté par la Cour d'assises. Nous trouvons qu'il y a là une interprétation erronée de ces mots « pour une autre cause », qui, pour nous, signifient pour un autre fait puni par la loi pénale.

L'individu qui a commis le fait qu'on lui a reproché, peut, au moment où il est l'objet d'une ordonnance de non lieu ou d'un acquittement, sembler guéri jusqu'à l'arrivée d'une nouvelle crise ; or, dans ces conditions, son internement immédiat est impossible d'après la législation en vigueur et l'on est forcé de le laisser en liberté. Lorsqu'on pourra l'interner d'office, il aura peut-être déjà commis un malheur irréparable. Dans l'état actuel, on en arrive à ce paradoxe, qu'il semble qu'il vaut mieux acquitter un criminel responsable

qui offre moins de certitude de récidive, qu'un aliéné
dont la manie renaîtra à peu près sûrement aux dé-
pens de la société. Le jury s'est rendu compte de cela,
et souvent il a déclaré coupables des individus notoirement aliénés au moment où ils ont commis leurs
crimes mais qui ne pouvaient être internés au moment
de leur jugement et étaient un danger permanent pour
la société. On en trouvera un exemple dans le rapport
du Dr Lafont sur la proposition Reinach. Dans une note
du rapport Roussel on trouve la décision d'un jury qui
déclare coupable un aliéné alors même que le ministère
public avait abandonné la poursuite.

La loi de 1838 ne fait pas que rendre l'internement
des aliénés criminels difficile et souvent impossible,
elle entoure leur sortie de garanties insuffisantes. Cette
critique s'applique, a-t-on dit, à la mise en liberté
de tous les aliénés dangereux et de nombre d'épileptiques. Dès qu'un aliéné est guéri, même s'il est sujet à
des rechutes graves, il doit être rendu à la liberté. La loi
de 1838 parle en effet des établissements destinés à recevoir et à soigner les aliénés et non pas ceux qui ont
cessé de l'être, de plus l'article 13 de la même loi dispose que : « toute personne placée dans un établisse-
« ment d'aliénés cessera d'y être retenue, aussitôt que
« les médecins de l'établissement auront déclaré, sur
« le registre énoncé en l'article précédent, que la gué-
« rison est obtenue. » — Le médecin pourra, il est vrai,
refuser cette déclaration et c'est ce qu'il fait le plus
souvent lorsqu'il craint une rechute, mais il viole la loi.

On peut concilier la loi avec la nécessité de préserver la société. Si le médecin est bien tenu de déclarer
sur le registre de l'article 2, la guérison de l'aliéné, le

préfet n'est pas tenu d'ordonner sa sortie. Que dit l'article 13 : « Le préfet statuera sans délai » toute latitude lui est donc laissée et si, d'après l'avis du médecin, sa sortie peut compromettre la sécurité publique, il maintiendra la séquestration. — Quant à l'article 13 qui décide que toute personne guérie doit être aussitôt remise en liberté, il s'applique aux placements volontaires et non aux placements d'office. — Faire ce raisonnement, n'est pas aller, nous semble-t-il, contre l'esprit de la loi de 1838 qui a pour but de retenir séquestrés les aliénés tant qu'ils sont dangereux ainsi que cela résulte formellement de la discussion qui a eu lieu lors de son vote. Mais, en pratique, l'individu retenu pourra toujours s'adresser à l'autorité judiciaire qui ordonnera son élargissement le plus souvent.

Ce n'est pas par oubli que le législateur de 1838 n'a édicté aucune disposition spéciale, relative aux aliénés criminels. — M. Bayard avait déposé à la Chambre des députés un amendement qui accordait au ministère public le droit de faire interner l'inculpé qui, par suite de débats soit correctionnels, soit criminels, aurait été reconnu en démence au moment de l'action pour laquelle il était poursuivi. — Cet amendement ayant été renvoyé à la Commission, cette dernière se prononça pour le rejet, et la disposition fut repoussée par la Chambre des députés. Les raisons en furent données par M. Vivien, alors rapporteur de la loi. En premier lieu, l'aliénation mentale peut avoir cessé au moment où il est procédé au jugement, et pour pouvoir exercer le droit réclamé, il faudrait établir que l'individu est en état de démence au moment de l'acquittement; d'un autre côté, si l'acquittement était prononcé par la cour d'assises on interprèterait, contrairement aux principes de notre législation criminelle, la décision du jury qui n'est jamais motivée et se borne à déclarer non coupable. Enfin, donner ce droit au ministère public aurait pour conséquence de faire déclarer par l'autorité judiciaire qu'un individu est frappé d'aliénation mentale, contrairement au principe admis dans le projet de loi.

On reconnaissait bien que dans certains cas l'individu acquitté devrait être interné, mais l'article 18 qui donne au préfet le droit de délivrer un ordre d'internement était considéré comme suffisant.

La Chambre des pairs eut aussi à s'occuper de la question au sujet d'une pétition présentée par M. de Perrey, conseiller à la Cour d'Agen. Pour les mêmes raisons elle laissa subsister la lacune dans la loi.

Depuis cette époque, on a reconnu les inconvénients de cette lacune, mais il y a eu divergence dès qu'il s'est agi des moyens à employer pour y remédier.

Une première divergence s'est produite sur le point de savoir si on s'en rapporterait uniquement à l'autorité administrative pour les mesures à prendre, ou si on ne devait pas lui substituer l'autorité judiciaire. M. Barbier, repoussant l'intervention des tribunaux, maintenait les pouvoirs du préfet. Selon lui, les tribunaux sont uniquement chargés de connaître des infractions à la loi pénale, et ils sont incompétents lorsque l'individu, qui leur est déféré, est aliéné, l'infraction n'existant pas. L'internement des aliénés est une question de police, au sens le plus large du mot, qui relève au premier chef de l'Administration.

Selon la théorie que nous avons expliquée plus haut, il considère la législation actuelle comme suffisante,

que l'individu soit encore aliéné au moment de l'ordonnance de non-lieu ou de l'acquittement, ou qu'il soit
guéri mais susceptible de rechute ; la seule réforme à
opérer est de rendre l'accord plus complet entre l'autorité administrative et l'autorité judiciaire et surtout de
décider que la sortie ne pourra être autorisée qu'après
l'examen par une commission spéciale.

Ces vues, exposées au Congrès de médecine mentale
tenu à Paris en 1878, furent adoptées par ce dernier. —
Il émit un vœu décidant que les aliénés criminels devraient être internés par mesure administrative et que
leur sortie pour cause de guérison ne pourrait être d'ordonnée qu'après examen par une commission mixte
composée : 1° du médecin au service duquel appartient
l'individu dont il s'agit ; 2° du préfet du département ou
de son délégué ; 3° du procureur général du ressort ou
de son délégué.

MM. les inspecteurs généraux Foville et Lunier se
montrèrent de même partisans du maintien du pouvoir de l'autorité administrative, lors de la discussion
de la question à la société générale des prisons en 1881 ;
mais quant à la sortie, ils demandèrent qu'elle ne pût
être ordonnée que par le tribunal.

A la Commission extra parlementaire de 1881, le rapport présenté au nom du 2e groupe de la 1e sous-com-
mission se prononçait aussi pour le droit de l'Administration.

Ce système n'a sa raison d'être qu'en maintenant
le droit de placement des aliénés dangereux à l'Administration. Or, presque tous les projets de réforme de
la loi de 1838 ayant, comme nous l'avons vu, donné à
l'autorité judiciaire le droit de statuer définitivement

sur tous les placements, elle doit forcément statuer sur le placement des aliénés criminels.

Si la plupart des projets se sont prononcés pour cette substitution, les uns ont attribué les mesures à prendre au ministère public, les autres à la juridiction répressive.

Les dispositions votées en 1872 par la Société de législation comparée et adoptées en 1874 par la Commission de l'Assemblée Nationale chargée d'examiner un projet de révision de la loi de 1838, accordaient ce droit à la juridiction répressive. — La Société générale des prisons, en 1879 et en 1881, l'attribuait au ministère public.

Une question qui a donné lieu à de longues discussions dans les diverses sociétés qui se sont occupées des aliénés criminels, a été de savoir, pour les individus traduits en Cour d'assises, si le jury ne devait pas être consulté sur la liberté d'esprit au moment de l'action. —Les partisans de l'affirmative soutiennent en premier lieu, qu'un verdict d'acquittement n'étant pas motivé, l'internement ordonné sur le champ par la Cour d'assises serait une interprétation des motifs du jury, contrairement aux principes de notre droit pénal ; il semblerait, du reste, y avoir là une revanche de la magistrature contre le jury. Selon eux, il n'y a aucune raison pour refuser de poser cette question au jury. Il sera, dit-on, imcompétent pour trancher une question aussi délicate. Mais actuellement, ne le fait-il pas déjà, éclairé par les rapports des experts, lorsqu'il discute la culpabilité d'un individu représenté comme ayant agi dans un moment de démence. Le jury, répondant à la question de la sanité d'esprit de l'individu accusé, agirait d'une manière analogue à ce qu'il fait lorsqu'il dé-

clare, aux termes de l'article 340 du Code Instr. Crim.,
que le mineur qui a commis un crime a agi sans dis-
cernement. Il suffirait d'ajouter un paragraphe à l'article 839 Code Instr. Crim. forçant le président à poser
la question de démence. En effet, actuellement il n'y
est pas obligé, car pour que la question soit posée à
peine de nullité, il faut qu'il s'agisse d'une cause de
nullité admise comme telle par la loi, et la démence n'y
figure pas. Exclusive de la volonté, lorsqu'elle est reconnue, il n'y a pas simple excuse du crime commis,
mais absence du crime lui-même.

A ces arguments, on a répondu qu'interroger spécialement le jury sur la question de démence, serait contraire à la recherche de la vérité. La question sera posée
dans nombre d'affaires, sous le moindre prétexte d'altération des facultés, et le jury, qui prononce déjà des
acquittements scandaleux, saisira cette occasion pour
se montrer encore moins sévère dans la répression.

Quoi qu'il en soit, les conclusions de la Société de législation comparée, de la Société générale des prisons et
de la Commission extra parlementaire de 1881 se pro-
nonçaient pour que la question de démence fut posée
au jury.

Nous venons de voir quelques-unes des questions
soulevées par les aliénés criminels et les solutions qui
ont été proposées. Examinons, maintenant, celles qui
ont été adoptées dans le projet de loi voté par le Sénat
et dans le texte arrêté par la Commission de la dernière
Chambre des députés.

Le projet de loi déposé par le Gouvernement en 1881,
s'en rapportait à l'autorité judiciaire pour les mesures

à prendre vis-à-vis des aliénés criminels. S'occupant seulement des accusés qui avaient été l'objet d'une ordonnance de non lieu ou d'un acquittement de la part du tribunal correctionnel, il gardait le silence vis-à-vis des individus acquittés par la cour d'assises, esquivant la difficulté dont nous avons parlé plus haut. — La Commission, chargée d'examiner le projet de loi, voulut combler cette lacune. Après une longue délibération, elle décida que tout accusé acquitté, par suite d'un verdict de non culpabilité du jury, pourrait être interné par décision de la cour d'assises en Chambre du conseil, si la défense avait soutenu qu'il était irresponsable à raison de son état mental, ou, si le ministère public avait abandonné l'accusation pour la même cause. La Commission s'était ainsi prononcée contre l'intervention du jury. Devant le Sénat, une vive controverse fut engagée à ce sujet. Elle se termina par l'adoption de la proposition de la Commission modifiée dans quelques détails secondaires.

Les commissions de la Chambre des députés nommées dans les précédentes législatures pour examiner les propositions Reinach ont accepté le texte voté par le Sénat, quoique dans ses rapports le docteur Lafont semble considérer comme plus juridique, de poser au jury la question de l'aliénation mentale.

Nous avons vu plus haut que la question de la sortie des aliénés criminels de l'établissement où ils sont internés, est peut-être plus importante que celle de leur placement. — Sur ce point le projet du gouvernement décidait simplement que la sortie devrait être autorisée par le tribunal statuant en Chambre du conseil. Cette disposition était insuffisante, ne tenant pas compte des données de l'expérience.

La désignation de l'autorité statuant sur la sortie est assez indifférente, le tout est de savoir comment elle sera renseignée sur l'état de la personne à mettre en liberté, et les précautions dont la sortie sera entourée. — Il faut d'abord un examen médical approfondi de l'individu, puis un examen des conditions extérieures dans lesquelles il se trouvera, conditions ayant une grande influence sur la possibilité des rechutes.

C'est ce dont s'est rendu compte la Commission du Sénat, et elle décida que la demande de sortie devrait être accompagnée d'une déclaration du médecin traitant, et être soumise à l'examen de la Commission permanente du département où l'asile est situé, qui donnera son avis motivé, avant d'être portée devant le tribunal. — Le Sénat n'ayant pas accepté la création des commissions permanentes, il en résulta que, dans le projet voté, l'avis de ces dernières fut remplacé par le simple avis du médecin inspecteur. Il n'a même pas été maintenu par la Commission de la Chambre des députés qui a supprimé la fonction de médecin inspecteur. Ainsi actuellement, dans le texte soumis à la Chambre, on ne trouve plus aucune disposition garantissant un examen sérieux ; le tribunal n'est même pas tenu de recourir à une expertise et peut ordonner la sortie sur la simple déclaration du médecin traitant.

Si toute la question des aliénés criminels doit être dominée par l'intérêt supérieur de la société, il faut s'efforcer de le concilier le plus possible avec l'humanité. Au lieu de maintenir perpétuellement interné l'aliéné dangereux qui paraît guéri mais chez qui l'on peut craindre une rechute, pourquoi ne pas autoriser sa sortie conditionnelle. Ce système, pratiqué à l'étranger et suivi en France par quelques directeurs d'asiles, semble avoir donné de bons résultats. Se ralliant à cette idée, la Commission du Sénat adopta le principe des sorties, révocables à condition qu'elles soient soumises à des mesures de surveillance réglées par le tribunal suivant chaque cas particulier. Cette disposition a été adoptée par le Sénat et par la Commission de la Chambre.

Ces aliénés criminels dont nous venons d'étudier le placement et la sortie, doivent-ils être internés dans les asiles ordinaires ou bien dans des établissements particuliers ?

Les partisans de la création d'établissements spéciaux en justifient la nécessité par l'obligation de surveiller très étroitement les aliénés qui commettront presque fatalement de nouveau excès, les retours des crises dangereuses étant inévitables. Or, selon eux, on trouverait difficilement cette surveillance dans les asiles ordinaires où, actuellement, les aliénés ne sont pas claustrés entièrement, jouissant d'une liberté relative, employés qu'ils sont à des travaux agricoles ou autres. Cette surveillance spéciale est nécessaire pour protéger les autres aliénés, les médecins et les infirmiers contre leurs violences. Et d'ailleurs est-on en droit d'imposer à de simples aliénés la promiscuité pénible d'individus qui, quoique inconscients ont commis des meurtres ou d'autres faits graves ?

Ces arguments nous paraissent insuffisants pour nous faire adopter le principe d'établissements spéciaux à la charge de l'Etat. Le dernier, notamment, que nous

venons de reproduire est un pur argument de senti-
mentalité reposant, peut-être, sur les préjugés du public
mais n'ayant aucune base sérieuse. Puisque ces aliénés
ont été acquittés comme irresponsables ce sont des malades ordinaires qui doivent être traités comme les
autres, c'est-à-dire soignés dans les asiles départementaux. Les interner dans un établissement national serait les éloigner de leurs familles et aggraver leur situation d'une manière imméritée. — Du reste, au point de
vue scientifique, la distinction entre les aliénés dits
criminels et les autres aliénés dangereux n'existe pas.
Ainsi que l'a dit Legrand du Saulle « l'occasion de
« commettre un crime a été offerte aux uns ; elle a
« manqué aux autres. Voilà la principale différence ».
Souvent, suivant lui, des malheureux auteurs d'un
crime deviennent à l'asile des travailleurs doux et
inoffensifs ; d'un autre côté, chez beaucoup d'aliénés
criminels les progrès du mal sont tels qu'ils tombent
dans la démence et cessent d'être dangereux. Suivant
le docteur Luys « le crime n'est qu'un épisode dans
leur carrière ».

Actuellement, presque tous les établissements ont un
quartier spécial pour les aliénés dangereux et agités.
Au lieu de fonder à grands frais un établissement national, il n'y a qu'à rendre obligatoire dans chaque
asile départemental l'aménagement d'un de ces quartiers et d'y ordonner le maintien de tout aliéné dangereux, qu'il ait, ou qu'il n'ait pas commis un fait qualifié
crime.

La Commission sénatoriale, tout en se prononçant
pour la création d'un établissement spécial pour les
aliénés criminels, a senti la force de ces objections et

s'est efforcée de remédier à quelques-unes. Elle a notamment décidé que cet établissement ne recevrait pas seulement les aliénés ayant commis un crime, mais encore certains aliénés très dangereux. — Inversement, les aliénés criminels, tombés en état de démence ou de paralysie, et devenus inoffensifs, devront être transférés dans l'asile ordinaire. Ces dispositions ont été votées par le Sénat et adoptées par la Commission de la dernière Chambre chargée d'examiner la proposition Reinach.

L'avis n'est cependant pas unanime sur l'utilité de cet établissement et la création en avait été repoussée par la Commission de la Chambre chargée d'examiner en 1888 le projet voté par le Sénat. Il en avait été de même au Conseil supérieur de l'Assistance publique après une discussion à laquelle prirent part MM. Monod, Bourneville et Sabran.

Des condamnés devenus aliénés.

Si la création d'asiles spéciaux pour les aliénés dit criminels nous semble inutile, il n'en est pas de même pour les condamnés devenus aliénés. — La question a du reste son importance, car la statistique a montré depuis longtemps le nombre considérable d'aliénés et d'épileptiques qui se trouve dans les prisons. Sans rechercher si le régime des prisons a une influence sur le développement des maladies mentales, nous voyons qu'une grande partie de ces aliénés proviennent d'erreurs de la justice, qui a condamné sans expertise suffisante, des individus à peu près sains d'esprit lors de leur comparution, mais aliénés au moment du crime et qui le sont redevenus après leur condamnation.

  Dès 1840 le docteur Vingtrimer, médecin en chef des prisons de Rouen, publiait une statistique sur les aliénés dans les prisons. Cette statistique embrassant 7 années portait sur 43.000 individus dont 8.500 accusés de crimes et 34.500 prévenus de délits. Elle mentionne 265 aliénés dont 1 fut reconnu être un simulateur et 2 furent jugés responsables. Sur les 262 autres, 176 signalés comme fous par les médecins furent acceptés comme tels par les juges ; 82 furent condamnés, les uns sans avis des médecins, les autres malgré cet avis ; sur ces condamnés 1 fut exécuté, 5 devinrent ou furent reconnus fous. Sur 76 condamnés pour délits correctionnels, 19 subirent leur peine à Bicêtre, dans le quartier des aliénés ; les 56 autres furent également, après la condamnation, transférés à l'asile d'aliénés où leur folie fut constatée (annexes du rapport Roussel).

En 1879 on trouvait dans les maisons centrales, c'est-à-dire parmi les condamnés à plus d'un an d'emprisonnement, 136 aliénés ou épileptiques (112 homme et 74 femmes) ; dans les prisons départementales 1.267 aliénés ou épileptiques (979 hommes et 288 femmes) ; dans les établissements d'éducation correctionnelle 15 individus atteints d'aliénation mentale ou d'épilepsie (annexes du rapport Roussel).

Ces aliénés et ces épileptiques ne peuvent être maintenus dans les prisons où ils manquent des soins nécessités par leur état et où ils troublent la discipline et le bon ordre. Ils ne peuvent non plus être placés dans les asiles départementaux ordinaires. Car, quoiqu'on puisse trouver parmi eux des individus condamnés par erreur, ils n'en ont pas moins subi une condamnation.

Les familles des aliénés ordinaires pourraient avec raison admettre difficilement cette promiscuité avec des criminels. — Du reste, si ces aliénés doivent être soignés suivant les règles scientifiques établies pour le traitement des maladies mentales et de l'épilepsie, ils sont toujours des condamnés confiés à l'administration des prisons. La direction des asiles doit appartenir à l'autorité pénitentiaire, et l'autorité médicale ne doit prévaloir que dans la mesure nécessaire au traitement. Un contrôle rigoureux, de tous les instants, qui n'existe pas dans les asiles ordinaires, doit être établi, pour déjouer les simulateurs pour lesquels un régime relativement doux est une véritable prime à la fraude, pour empêcher l'évasion des aliénés convalescents ou déjà guéris.

Cette nécessité d'interner les condamnés devenus aliénés dans un établissement spécial a été reconnue depuis longtemps par l'administration pénitentiaire. Dès 1869, la création d'un quartier spécial pour les aliénés, dans la maison centrale de Gaillon fut décidée. Le quartier fut occupé à partir de 1876. Les aliénés y sont internés en vertu d'une décision ministérielle après une enquête administrative et médicale. — Ce quartier de Gaillon est exclusivement réservé aux hommes, et aucun établissement similaire n'a été encore créé pour les femmes.

Le projet voté par le Sénat et le texte arrêté par la Commission de la Chambre des députés consacrent législativement cette création, rendant en outre obligatoire l'établissement d'un quartier pour les femmes. Ils

décident que tout individu condamné à plus d'un an
d'emprisonnement, devenu aliéné, doit être transféré
dans ce quartier, alors que le projet du gouvernement
n'y envoyait que les condamnés à des peines afflictives
et infamantes. — Les condamnés à moins d'un an
d'emprisonnement sont internés dans les asiles départementaux. Les délits qu'ils ont commis n'ont pas, dit-
on, un caractère suffisant de gravité pour justifier
l'application de la mesure spéciale prise vis-à-vis les
autres condamnés. — Cette exception n'a pas paru justifiée au Conseil supérieur de l'Assistance publique qui
l'a fait disparaître dans le projet qu'il a préparé.

Si nous examinons les législations étrangères, relativement à cette question des aliénés criminels et si
nous étudions notamment la législation de la Grande-
Bretagne, nous voyons que depuis longtemps elle a été
l'objet de mesures spéciales.

En Angleterre, un acte de 1800, toujours en vigueur,
décide qu'au cas, où des individus accusés de crimes
de haute trahison, de meurtre ou de félonie, peuvent
être atteints de folie ou en avoir été atteints au moment de l'accomplissement de l'acte, le jury déclarera
si l'acquittement a eu pour cause la folie. Dans ce cas,
la Cour ordonnera l'internement de l'individu pendant
le bon plaisir de sa Majesté. — Cette mesure peut être
appliquée aux accusés dont l'état de folie aura été reconnu pendant l'Instruction.

Ce qui frappe dans cette loi, c'est la faculté donnée
au jury de motiver sa décision, faculté qui, avec le recrutement du jury et le caractère national, n'a pas les
inconvénients qu'elle aurait en France et le pouvoir
sans limite donné à la Reine représentée par ses mi-

nistres de retenir internés les aliénés criminels. Pour les Anglais, cependant si respectueux de la liberté individuelle, la sécurité publique passe ici avant tout.

Une Commission parlementaire d'enquête a ainsi apprécié en 1860 ce régime : « dans une question aussi délicate et aussi difficile, il est indispensable de remettre entre les mains de quelque autorité un pouvoir discrétionnaire, étendu et permanent, et il n'est pas douteux que le secrétaire d'état pour l'Intérieur est précisément l'autorité à laquelle il convient le mieux de conférer ce droit ».

Cette loi n'indiquait pas dans quels asiles les aliénés devaient être internés, ni par qui la dépense serait supportée. Aussi, pendant les premières années, continuèrent-ils à être gardés dans les prisons où ils étaient une gêne et un danger. Ce n'est qu'en 1816, et en vertu d'un acte du parlement de 1808, qu'un traité étant intervenu avec l'hôpital de Bethlem, deux corps de bâtiment furent affectés aux aliénés criminels.

Si, avant 1816, on avait protesté contre le maintien des aliénés criminels dans les prisons, dans la suite, on protesta contre leur internement avec les aliénés ordinaires et cela pour les raisons que nous avons énumérées plus haut. Il est vrai, que certains aliénistes s'élevaient contre la démarcation qu'on voulait opérer. Quoiqu'il en soit, un act de 1860 décida la création d'un asile spécial pour les aliénés criminels. Cette loi est celle actuellement en vigueur (23-24 Vict. c. 75). — Sont enfermés dans l'asile de Broadmoor ; 1° tout individu aliéné qui peut être gardé pendant le bon plaisir de sa Majesté ; 2° tout individu condamné à la servitude pénale devenu aliéné pendant le cours de sa peine. —

Depuis 1875, lés individus compris dans cette seconde catégorie ne sont plus internés à Broadmoor, mais dans une asile spéciale de la prison de Woking, semblable à notre quartier de Gaillon. Ils n'y sont transportés qu'à l'expiration de leur peine pour être dirigé de là sur l'asile de leur comité.

Cet asile de Broadmoor ne reçoit pas les aliénés très dangereux qu'il y aurait utilité à surveiller spécialement, mais qui n'ont pas été l'objet de poursuite, du moins tant qu'ils n'ont pas commis des actes assez graves pour être qualifiés crimes. Il ne reçoit pas non plus, les condamnés à de faibles peines devenus aliénés.

Les frais de séjour des malades sont à la charge des paroisses ou ils ont leur domicile de secours ; si la paroisse ne peut être découverte, ils sont payés par le comté où ils ont été emprisonnés.

Le secrétaire d'Etat pour l'Intérieur a le droit de faire transférer les aliénés de l'asile de Broadmoor dans d'autres établissements. Il fait ainsi diriger sur l'asile de leur comté les aliénés pour lesquels cette mesure présente des avantages.

Nous avons vu que les aliénés criminels pouvaient être détenus pendant la durée du bon plaisir de sa Majesté, même s'ils paraissaient absolument guéris. Aussi, alors même qu'il semble y avoir aucun danger à les libérer, ne leur accorde-t on qu'une sortie conditionnelle ; ils doivent s'engager à se constituer prisonnier sur un ordre du sécrétaire d'Etat, et ce dernier peut toujours, à quelque époque que ce soit, ordonner leur réintégration, sans nouveau crime ou nouvelles poursuites.

En Ecosse, la législation relative aux aliénés criminels et aux condamnés devenus aliénés date de 1857. Elle se rapproche beaucoup de celle de l'Angleterre, mais comporte certaines améliorations.

C'est le quartier de la prison de Perth qui remplace l'asile de Broadmoor. — A la différence de ce qui se passe en Angleterre, on reçoit dans le quartier les condamnés à de courtes peines devenus aliénés, au cas où il y aurait danger à les laisser dans la prison commune. A l'expiration de leur peine, les condamnés devenus aliénés peuvent être maintenus dans le quartier pendant la durée du bon plaisir de sa Majesté si leur transfert dans l'asile de leur comté paraît dangereux. Le système des sorties conditionnelles, pour les aliénés guéris, qu'il semble imprudent de rendre à la liberté, existe comme en Angleterre, mais il a été perfectionné par un bill de 1871. Les conditions imposées à la sortie sont décidées par le ministre et peuvent varier pour chaque cas. Mais l'individu libre a toujours pour résidence obligée le domicile d'un particulier qui prend charge de lui ; ce dernier doit tous les mois faire un rapport aux commissaires des prisons sur son état physique et mental. En outre, un médecin doit le visiter deux fois par an au moins, et faire un rapport. Si les conditions mises à la sortie ne sont pas observées, ou si sa liberté devient un danger public, il est immédiatement réintégré au quartier de Perth. Les conditions mises à la sortie de l'aliéné ne sont jamais rapportées et sa surveillance dure jusqu'à la fin de ses jours.

CHAPITRE II

DES ÉTABLISSEMENTS SPÉCIAUX POUR LES ALIÉNÉS

D'après la loi du 30 juin 1838, on peut définir l'asile d'aliénés, tant établissement soit public, soit privé, spécialement destiné à recevoir et à soigner les aliénés. — L'asile d'aliénés, c'est-à-dire une maison où les fous sont traités par l'isolement dans certaines conditions hygiéniques, est une création de la loi de 1838 : Ainsi que nous l'avons vu dans notre introduction, auparavant, ils étaient internés soit dans les maisons de force, soit dans des cabanons ou des loges qu'on a appelées des loges d'incarcération à juste titre.

Des asiles publics.

Quoique la loi de 1838 ne fasse pas de distinction entre les asiles publics, il faut distinguer les établissements départementaux, les établissements autonomes, les quartiers d'hospice et la maison nationale de Charenton.

Tous ces établissements, qu'ils soient autonomes, qu'ils appartiennent à l'état ou aux départements, sont placés sous la direction de l'autorité publique, en ce sens que l'administration réglemente leur service intérieur et leur régime médical.

Nous étudierons l'organisation et l'administration des établissements départementaux dans le chapitre IV, en traitant de l'organisation départementale du service des aliénés.

A côté des asiles départementaux, on trouve des asiles autonomes. Ces établissements, quant à l'organisation intérieure, administration et régime médical sont soumis aux mêmes règles que les asiles départementaux, c'est-à-dire aux prescriptions de l'ordonnance réglementaire du 18 décembre 1839 ; mais ils sont absolument indépendants du département, et n'appartiennent à personne. Quoiqu'en ait dit M. de Crisnoy, ils ont une personnalité définie et l'on peut les comparer aux hôpitaux et hospices. Cette existence a été reconnue plusieurs fois par le Conseil d'Etat comme résultant des actes de fondation. — Implicite dans les arrêts du 12 mars 1875 et 3 décembre 1886 qui admettaient le recours intenté par le directeur, elle est formelle dans l'arrêt du 11 juillet 1890 qui reconnaît au directeur le droit d'intenter une action en justice, après autorisation de la Commission consultative.

Comme conséquence de leur personnalité civile, tous les actes de la vie civile sont passés par le directeur après autorisation de la Commission consultative. Il passe les actes de vente, d'achat, de fournitures ; il représente l'établissement en justice suivant les lois et règlements applicables à l'administration des hospices et des bureaux de bienfaisance, d'après l'article 16 de l'ordonnance réglementaire de 1839.

Ces établissements autonomes sont très peu nombreux,

ils sont en tout au nombre de 7, ce sont les asiles d'Aix, d'Armentières, de Bailleul, de Bassens, de Bordeaux, de Cadillac et de Marseille.

Lors du vote de la loi de 1838, un certain nombre d'hôpitaux et d'hospices recevaient des aliénés ; l'ordonnance de 1839 maintint cet état de choses à condition que des quartiers spéciaux leur fussent réservés. Nous verrons, en parlant du service de l'assistance des aliénés, que les hospices qui ne peuvent satisfaire à cette condition, doivent, dans certains cas, une indemnité au département puisqu'ils sont déchargés de cette hospitalisation.

Il faut remarquer que ces quartiers spéciaux, faisant partie intégrante de l'hospice, échappent à l'organisation administrative des établissements d'aliénés. La Commission administrative doit seulement faire agréer un préposé responsable qui sera mis à la tête du quartier et qui est soumis à toutes les obligations édictées par la loi de 1838. Le règlement intérieur du quartier est en outre soumis à l'approbation du ministre de l'Intérieur. Mais à part ces obligations, la Commission administrative conserve son double pouvoir de délibération et d'exécution, le quartier n'étant pas distingué du reste de l'hospice.

Les quartiers d'hospice ont donné lieu à de nombreuses critiques. Les inspecteurs généraux, dans leur rapport de 1878, constatent qu'il y a lieu de les réorganiser entièrement : Les locaux ont tous besoin d'être augmentés et reconstruits ; sous la pression de préoccupations budgétaires, les Commissions administratives cherchent à faire toutes les économies possibles sur le service des aliénés, pour décharger leur budget et faire vivre tout l'hospice. Toutes les Commissions ont conservé l'habitude de ne donner à leurs aliénés que les restes des autres services de l'hospice, notamment pour les aliments et les vêtements. — Pour remédier à cette situation, le projet voté par le Sénat assimile les quartiers d'hospice aux asiles publics en tout ce qui concerne la direction médicale, le traitement et la surveillance des aliénés. Pour empêcher que les recettes du service ne soient détournées de leur destination et appliquées aux besoins généraux de l'hospice, le projet décidait que les recettes et dépenses du quartier formeraient une section spéciale dans le budget de l'établissement et que le produit de ses recettes devait lui être intégralement réservé. — Ces dispositions ont été reprises dans les textes arrêtés par les diverses Commissions de la Chambre des députés.

Il faut encore ranger parmi les asiles publics, la maison nationale de Charenton. Cet hospice, dont la création remonte à 1645, reçoit des aliénés dont les uns jouissent de bourses de l'Etat et dont les autres payent pension.

Chargé d'un service public et faisait partie de l'organisation administrative de la France, l'asile de Charenton est un établissement public. Il n'est pas régi par l'ordonnance du 18 décembre 1839 sur les aliénés, mais par celle du 21 février 1841 qui concerne les établissements généraux de bienfaisance. — A sa tête se trouve un directeur nommé par le ministre de l'Intérieur, il est chargé de l'administration intérieure et de la gestion des biens et revenus de l'établissement. A côté se trouve une Commission consultative composée de quatre membres nommés par le ministre. Cette Com-

mission délibère et donne son avis sur les budgets et
sur tous les actes de la vie civile de l'établissement.

Des asiles privés.

Les règles relatives au fonctionnement des asiles
privés d'aliénés se trouvent dans les articles 3,5,6, de
la loi de 1838 et dans l'ordonnance de 1839.

Tout établissement ayant pour but le traitement des
aliénés, est placé sous la surveillance de l'autorité. Cette
surveillance est nécessaire au premier chef pour empêcher les séquestrations arbitraires et tous les inconvénients résultant d'une administration vicieuse.

Aucun établissement ne peut être créé sans l'autorisation du gouvernement. Cette entrave à la liberté du
commerce se justifie amplement. Ainsi que le disait
Vivien, le mandat donné à la personne qui dirige un
établissement d'aliénés est de telle nature qu'il faut, que
cette personne présente à la confiance publique, des garanties propres à mettre en sûreté et l'intérêt général et
l'intérêt privé.

Cette autorisation est personnelle à l'individu qui
veut fonder l'asile et doit être renouvelée au cas où il
céderait son établissement à un tiers. Le requérant
doit remplir les conditions personnelles et matérielles
énumérées dans l'ordonnance de 1839. Il doit jouir de
ses droits civils et être pourvu du diplôme de docteur
en médecine. S'il n'est pas docteur, il doit produire l'en-
gagement d'un médecin qui se chargera du service médical de la maison et déclarera se soumettre aux obligations imposées par les règlements sous ce rapport.

Les conditions matérielles requises se rapportent au nombre et au sexe des pensionnaires, à la spécialité du local pour les aliénés, qui doit être entièrement séparé de celui qui pourrait être consacré au traitement des autres maladies, à la salubrité, à l'hygiène et à la surveillance de l'établissement.

L'autorisation, donnée par décret d'après l'ordonnance de 1839, est actuellement accordée par le préfet en vertu du tableau A, § 37 du décret du 13 avril 1861 qui reproduit la disposition du décret du 25 mars 1852, tableau A, § 32.

L'Administration a un pouvoir discrétionnaire pour accorder cette autorisation et un refus de sa part ne pourrait donner lieu à un recours devant le Conseil d'Etat.

Tout directeur d'un établissement privé doit, avant son entrée en fonctions, déposer un cautionnement. Cet argent a pour but de subvenir à l'entretien des aliénés dans les cas, où, pour une cause quelconque, le service se trouvant suspendu, le préfet nommerait un régisseur provisoire. La légalité de ce cautionnement a été mise en doute à une époque ; elle ne peut cependant faire l'objet d'une discussion, puisqu'il est ordonné en vertu de la délégation conférée au pouvoir exécutif par l'article 6 de la loi de 1838.

Au cas où le directeur a commis des infractions aux conditions auxquelles était subordonnée l'ouverture de son établissement, et aux obligations qui lui étaient imposées, il peut être frappé des pénalités inscrites dans l'article 41 de la loi de 1838 et son autorisation peut en outre lui être retirée.

Le retrait de l'autorisation ne peut-être effectué que par décret, les décrets de 1852 et 1861 n'ayant accordé compétence au préfet, qu'en ce qui concerne la délivrance de l'autorisation.

Le retrait peut donner lieu à un recours pour incompétence ou détournement de pouvoir, en vertu des principes généraux. Mais le recours ne pourrait être admis au cas où il serait basé sur l'absence d'infraction. On a bien prétendu, que l'acte d'autorisation créait un droit vis-à-vis du bénéficiaire, droit qui doit être garanti par un recours contentieux à moins que la réserve du retrait ne se trouve dans l'arrêté d'autorisation. Mais, en réalité l'Administration, en accordant l'autorisation demandée, use des pouvoirs de police qu'elle tient de la loi de 1838 et elle peut discrétionnairement en opérer le retrait, si elle juge, que l'intérêt public dont elle a la garde, y est engagé.

Des divers modes de traitement de l'aliénation mentale.

La loi du 29 juin 1838 ne prévoit comme mode de traitement de l'aliénation mentale que l'internement dans un asile fermé. Depuis cette époque on s'est demandé, surtout à cause de l'encombrement des établissements existants, s'il n'y avait pas d'autres moyen de pourvoir à l'assistance des aliénés; si les aliénés inoffensifs et les idiots ne pourraient pas être secourus à domicile ou placés dans des colonies familiales à l'exemple de ce qui se passe à Gheel en Belgique.

Cette préoccupation se fait jour dans le rapport présenté en 1867 au Sénat impérial par M. Suin. Il contenait le vœu suivant: « Que pour éviter l'encombrement, l'autorité compétente n'ordonne l'admission que de véritables aliénés curables ou d'incurables dangereux soit pour la sécurité et la pudeur publique, soit pour eux-mêmes, laissant à domicile ou dans leurs familles, les idiots, crétins ou aliénés incurables inoffensifs, sauf à accorder les secours qui seront reconnus nécessaires, eu égard à la position de l'aliéné et de sa famille. »

La dissémination des aliénés à la campagne chez des particuliers, c'est-à-dire l'établissement de colonies familiales, a été vanté aussi comme moyen curatif. L'aliéné ne sentant pas la contrainte peser sur lui, ne pense pas à s'évader ; n'étant pas en contact perpétuel avec d'autres aliénés et se trouvant placé dans un milieu de gens sensés, il peut oublier, dans une certaine mesure, son idée fixe et se mêler à la vie ordinaire. Ce traitement consistant, en un mot, à enlever l'aliéné à son milieu habituel et à lui créer une existence nouvelle où rien ne lui rappelle sa situation antérieure, est plus efficace, a-t-on dit, que l'internement dans un asile. encombré de malades et dont on ne peut sortir.

Cette question de l'assistance des aliénés par des secours à domicile et par la création de colonies familiales a fait l'objet d'une étude importante dans l'enquête de 1869. Il a été démontré à la lumière des faits et de l'expérience, pour des raisons que nous allons exposer, que ces modes d'assistance sont contraires à l'intérêt de la société et à celui des malades. — Ces conclusions sont conformes aux opinions encore prédominantes parmi les aliénistes français.

Une première raison pour laquelle ces modes d'assistance ne peuvent être employés, est la difficulté qu'il y a à séparer les aliénés inoffensifs des aliénés dangereux. — Ce n'est pas toujours l'aliéné agité, excité, qui attire l'attention par ses actes excentriques, qui est le plus dangereux, mais l'aliéné triste, calme, retiré, poursuivi et tourmenté par une idée fixe. — La grande masse des individus calmes et inoffensifs qui peuplent les asiles et paraissent pouvoir être mis en liberté sans inconvénient ne sont tels, que, parce que leur volonté ne trouve à s'exercer que pour des actes déterminés et réglés d'avance dans un ordre établi, et que, parce qu'ils n'ont plus qu'à se mouvoir automatiquement dans un milieu où ils subissent l'influence de l'autorité qui pourvoit à leurs besoins, les protège les uns contre les autres et contre eux-mêmes.

Tout aliéné possédant une certaine force physique peut être dangereux à un moment donné et ainsi que le dit le docteur Billod, il y a impossibilité scientifique à distinguer les inoffensifs des dangereux. Suivant lui, la condition d'aliénés dangereux ne doit pas être recherchée seulement dans les caractères de l'aliénation mais aussi dans les circonstances, qui constituent le milieu social de l'aliéné, c'est-à-dire, que dans certaines conditions données, l'aliéné le plus inoffensif de par son état mental, peut devenir très dangereux et que, par contre, l'aliéné le plus dangereux par la nature de son délire, peut être parfaitement inoffensif dans d'autres condition.

Les seuls aliénés qui pourraient être considérés comme inoffensifs sont les paralytiques généraux arrivés à la troisième période de leur mal et les déments parvenus à ce degré où l'activité vitale est réduite aux actes purement végétatifs et automatiques. Et encore, ainsi que le dit le docteur Voisin de la Salpêtrière, ces incurables affaiblis, ces déments séniles sont dangereux dans la vie libre, et l'expérience a montré qu'ils mettent le feu, se jettent eux-mêmes dans le feu et que divers accidents plus ou moins graves sont volontairement ou involontairement causés par eux.

Quant aux idiots, qu'il ne faut pas confondre avec les aliénés, il faut aussi les retrancher de la catégorie des êtres inoffensifs. Tous les aliénistes sont d'avis qu'ils sont éminemment dangereux en général, activement ou passivement pour la sûreté ou pour la morale publique.

« L'idiot, a-t-on dit, est le plus souvent privé de sens moral, de pudeur, de retenue. Comment pourrait-il être pleinement inoffensif ? — L'idiote, dans les campagnes, n'est-elle pas une proie toujours prête pour les débauchés ? Combien n'en voit-on pas devenir mères sans qu'elles aient pu désigner l'auteur de l'attentat qu'elles ont subi ? »

D'un autre côté, il faut dire qu'en pratique, les placements en famille n'ont répondu en aucune manière aux espérances théoriques qu'on en avait conçues.

Il est reconnu que dans la plupart des familles, les aliénés cessent bientôt d'être un objet d'affection, devenant un objet d'exploitation quand ils sont placés chez des étrangers. Les individus chez lesquels ils sont placés, ne cherchent qu'à tirer le plus de bénéfice du prix de pension qui leur est payé, et les laissent le plus souvent, sans leur donner les soins que nécessitent leur état, ou les maladies intercurrentes dont ils peuvent être atteints. S'ils sont valides, ils cherchent à les faire travailler le plus possible à leur profit, sans avoir égard à leur état de santé. — Arrive-t-il qu'ils soient pris d'un accès de folie furieuse ? On est obligé de les incarcérer dans des conditions défectueuses, et on substitue à la séquestration dans l'asile la séquestration sans contrôle chez des particuliers. Placés enfin le plus souvent au milieu d'une population qui leur est hostile, ils sont pour elle un objet de dérision et de moquerie.

En somme, ce mode d'assistance, vanté comme donnant à l'aliéné plus de bien-être et de liberté, lui donne en réalité moins de bien-être que dans l'asile, et quant à la liberté, liberté toute relative car l'aliéné ne peut toujours se mouvoir que dans un cercle restreint et ne peut aller à sa guise, elle est offerte aux malades qui la réclament le moins. Ainsi que le constatent les médecins aliénistes, ceux qui la réclament surtout sont les maniaques, les hallucinés portés aux actes violents ; les paralytiques au début de leur maladie ; les satyrisiaques, les nymphomanes, les dipsomanes, les raisonnants, les instinctifs, tous individus pour qui elle est la plus dangereuse.

Ainsi que nous l'avons déjà dit, l'enquête de 1869 a démontré que les expériences qui avaient été tentées dans plusieurs départements, avaient échoué de l'avis de tous les médecins aliénistes.

Les partisans du système familial invoquent fréquemment ce qui existe à l'étranger, pour en démontrer les avantages. Ils citent surtout l'exemple de l'Ecosse et celui de la Belgique avec sa colonie de Gheel. — Il faut remarquer que dans ces pays ce système fonctionne dans des conditions qu'il serait difficile d'avoir en France, et qu'en outre il n'y est pas à l'abri de tous les reproches.

En Ecosse, les placements chez des particuliers sont assez nombreux, bien plus importants qu'en Angleterre. Ainsi, en 1883, sur un nombre total d'aliénés indigents de 8.710, 1.693 étaient soignés dans des mai-

sons particulières, soit 1 sur 5 et par rapport à l'ensemble des aliénés, 10.224, 1 sur 6. — A la même époque
sur 1.534 aliénés non indigents, 170 étaient soignés chez
des particuliers.

Les aliénés traités chez des particuliers sont soumis
à une surveillance et à un contrôle très rigoureux. En
premier lieu, aucune maison ne peut recevoir d'individus atteints d'aliénation mentale, si une licence spéciale n'a pas été délivrée soit par le shériff, soit par le
board of commissioners in Lunacy. Dans aucun cas le
nombre des pensionnaires ne peut dépasser quatre.
Les aliénés traités doivent recevoir au moins une fois
par trimestre la visite d'un médecin. A chacune de ses
visites, le médecin doit inscrire sur un livre spécialement destiné à cet usage et qui reste dans la maison,
la date de sa visite et l'état dans lequel il a trouvé
l'aliéné. — En ce qui concerne les aliénés indigents qui
sont entretenus aux frais de la paroisse, ils sont en
outre visités, à moins de circonstances exceptionnelles,
deux fois par an par l'inspecteur des pauvres.

Le board a décidé que chaque aliéné serait encore
visité une fois par an par un des commissioners ou un
commissioners adjoint. Dans les parties de l'Ecosse
où les communications sont très difficiles, la visite peut
n'être que bisannuelle. Le commissioners dans sa visite
doit, en vérifiant le livre, s'assurer si les visites tri-
mestrielles sont régulièrement et consciencieusement
faites; indiquer à l'inspecteur des pauvres ce que son
expérience lui suggère pour le bien-être du malade. Il
doit enfin transmettre au board un rapport individuel
indiquant les mesures qu'il peut y avoir à prendre.
Sur ces rapports les commissioners prennent une déci-

sion s'il y a lieu. Dans les cas où la garantie d'un traitement convenable fait défaut, et dans ceux où le séjour à l'asile pourrait améliorer l'état de l'aliéné, l'autorisation est retirée, et s'il s'agit d'un indigent, les commissioners ordonnent le placement dans un asile ; s'il s'agit d'un non indigent ils recommandent à la famille ou aux amis de prendre la mesure.

Chaque année le rapport annuel des commissioners d'Ecosse donne des renseignements très détaillés sur les visites d'inspection, il reproduit même un rapport d'ensemble rédigé par les commissioners chargés des visites.

Tout ce service de contrôle et de surveillance centralisé à Edimbourg dans les mains du board of commissioners in lunacy, fonctionne avec régularité et précision. Il y donne lieu à des constatations peu encourageantes sur la valeur du système familial ; les commissioners font de nombreuses plaintes ou demandes de changement, demandes de renvoi dans les asiles, demandes de changement de gardiens, demandes d'augmentation de nourriture.

Si nous passons maintenant à l'étude de la colonie de Gheel, nous allons voir, ainsi que l'ont constaté les délégués de la Commission sénatoriale qui l'ont visitée en 1883, que cette fondation susceptible d'être critiquée dans bien de ses parties est une spécialité, propre au pays qui l'a vue naître et peu susceptible de se prêter à des adaptations dans des milieux différents.

La colonie de Gheel, dont la création remonte à plusieurs siècles, a une origine toute religieuse et a pour cause le culte dont la mémoire de sainte Dymphna patronne des aliénés était l'objet. C'était la fille d'un roi

Irlandais qui, poursuivie suivant la légende, par les désirs incestueux de son père, était venue se réfugier en cet endroit; découverte par lui, elle avait été mise à mort par son ordre. — On n'est pas d'accord sur la raison qui en a fait la patronne des aliénés. — D'après les uns, c'est pour avoir été l'objet d'un amour démontrant l'insanité de son père ; d'après les autres, c'est pour avoir, par sa seule présence, rendu la raison à un jeune homme qu'elle rencontra en marchant au supplice.

Quoiqu'il en soit, l'habitude se prit de conduire à Gheel les aliénés considérés comme incurables afin d'invoquer l'intercession de la sainte. Logés chez les habitants, ils faisaient une neuvaine. Maintenus souvent à Gheel au cas où la guérison n'était pas obtenue, ils étaient placés définitivement chez l'habitant, et ainsi se forma petit à petit la colonie actuelle.

Jusqu'à la loi du 18 juin 1850 qui a amené une transformation de la colonie, on ne pratiquait à Gheel que le traitement religieux, et le traiment médical, était inconnu. En 1838, cependant, un médecin avait été nommé, chargé d'examiner les aliénés lors de leur arrivée, de constater leur genre de folie, de les classer en catégorie, etc.

La loi du 18 juin 1850, ayant substitué le pouvoir central au pouvoir communal dans la direction de la colonie, de cette époque date la première organisation du régime fonctionnant actuellement. — Le règlement existant aujourd'hui est celui du 23 mai 1882. Nous allons en exposer les grandes lignes.

Une commission supérieure est chargée de l'inspection et de la surveillance de tout le service des aliénés. Elle

est composée du gouverneur de la province ou de son
délégué, du procureur du roi près le tribunal de Thur-
nhaut, du juge de paix du canton, d'un médecin désigné par le gouverneur et du bourgmestre de la commune. — C'est elle qui dresse la liste des nourriciers
admis à recevoir des aliénés ; chaque année, elle rédige un rapport donnant les renseignements sur le
fonctionnement de la colonie et indiquant les modifications à y apporter. A la Commission est adjoint un
secrétaire receveur nommé par le ministre de la justice. Il est chargé de tenir les procès-verbaux des
séances, de la comptabilité, de l'économat, de l'infirmerie, de la garde des archives, en un mot, c'est un véritable directeur.

A côté de la Commission supérieure se trouve un comité permanent, composé de 5 membres et présidé par
le bourgmestres, qui est chargé de veiller au bien être
et aux intérêts des aliénés, de recevoir et de payer les
frais d'entretien et les prix de pension, de surveiller les
hôtes et les nourriciers, et de tenir la main à l'exécution
des lois, arrêtés et règlements . — Un comité de placement composé des médecins de la colonie, du secrétaire receveur et du juge de paix du canton est chargé
de placer les aliénés indigents chez les nourriciers,
ainsi que les aliénés pensionnaires dont la famille
n'aurait pas désigné l'hôte.

Pour le service médical, la colonie est divisée en deux
sections absolument indépendantes. A la tête de chacune, se trouve un médecin en chef assisté d'un médecin adjoint. Ce service est chargé du traitement des
aliénés tant pour leurs affections mentales que pour les
maladies intercurrentes dont ils peuvent être frappés.

Il surveille les conditions hygiéniques et matérielles des aliénés placés chez les nourriciers ainsi que la conduite de ces derniers à l'égard de leurs malades, leur aptitude, leur zèle et leur dévouement.

L'aliéné doit être visité une fois par semaine s'il est curable, une fois par mois s'il est incurable.

Jusqu'en 1862, la colonie ne comprenait aucune infirmerie. Les aliénés frappés de maladies intercurrentes graves ou devenus subitement dangereux, devaient être maintenus chez leurs hôtes ou nourriciers dans des conditions nuisibles pour leur état. — A cette époque, une infirmerie a été créée, elle est divisée en deux sections, dirigée chacune par un médecin adjoint spécial sous les ordres du médecin en chef. On y reçoit les aliénés arrivant à Gheel et sur l'état desquels on n'est pas encore fixé pour savoir s'ils peuvent être admis dans la colonie ; les aliénés déjà placés qui sont frappés d'une maladie intercurrente ou dont la maladie mentale prend un caractère dangereux.

Il faut citer en dernier lieu une catégorie de fonctionnaires qui sont d'une grande utilité, ce sont les gardes de section. Chaque section comprend deux gardes, deux autres étant en outre attachés à l'infirmerie. Entrant à toute heure chez les hôtes et les nourriciers, ils examinent comment sont soignés les aliénés, leur chambre leur nourriture, leurs vêtements. Ils signalent aux médecins, les maladies que les nourriciers n'auraient pas déclarées, les renseignent sur l'état de santé des aliénés. Ils sont chargés enfin de poursuivre et reprendre les évadés. — Ce sont de véritables inspecteurs.

Les habitants qui reçoivent des aliénés se divisent en deux catégories, les hôtes qui reçoivent des aliénés pensionnaires, et les nourriciers qui reçoivent des aliénés indigents. — Ne peuvent du reste être colloqués à Gheel que les aliénés non dangereux et ceux dont l'affection n'est pas de nature à troubler la tranquillité et la décence publique. L'hôte ou le nourricier chez lequel l'aliéné est placé en est responsable. Il est tenu de tous les dommages dont son pensionnaire peut être la cause. Au cas d'évasion, il doit supporter une partie des frais occasionnés par leur reprise. Aucun nourricier n'a le droit de se servir de moyens de contrainte contre les aliénés, au cas où ils deviendraient nécessaires, le médecin seul peut en ordonner l'emploi.

Une fois placé, l'aliéné jouit d'une assez grande liberté. Riche, il mène la vie qu'il veut, indigent il vit de la vie de son nourricier l'aidant dans son travail soit aux champs, soit à la maison.

Le nombre des aliénés colloqués à Gheel et dans les communes environnantes est de 16.000 environ pour une population d'à peu près 11.000 habitants répandue sur une superficie de 10.000 hectares. — Ce nombre a cru rapidement, ainsi, si en 1856 il n'était que de 800 malades il a passé successivement en 1866 à 1000 ; en 1874 à 1272, en 1880 à 1595. — Cette augmentation de la population de Gheel doit être attribuée à un fait général qui, ainsi que nous l'avons montré, s'est produit partout où un régime de protection légale a été établi pour les aliénés ; à l'encombrement des asiles pour les aliénés indigents. — Ce fait a pris en Belgique de très grandes proportions et le ministre de la Justice, dans une circulaire du 15 juillet 1880 a déclaré qu'il n'y a plus possibilité de faire admettre sous les asiles fermés de nouveaux aliénés même les plus dangereux.

Ainsi que le reconnaît le docteur Peeters, ancien médecin inspecteur de la colonie, dans ses lettres médicales sur Gheel et le patronage familial, la présence de ce grand nombre d'aliénés libres au milieu d'une population sensée ne peut malgré tout être sans inconvénients. D'après lui, un des inconvénients sérieux de la liberté des aliénés est qu'ils trouvent parfois l'occasion de se livrer à des abus alcooliques. « L'article 92 du règlement a pour but de prévoir les abus et les excès mais il n'est pas aussi rigoureusement observé par les nourriciers et les débitants de boissons qu'il devrait être ; je suis forcé d'ajouter que la police locale aussi, fait preuve de trop d'indulgence. »

Les actes de violence commis par les aliénés sont assez rares depuis la création de l'infirmerie, en 1884, cependant, le bourgmestre de Gheel a été assassiné par un aliéné.

Les évasions sont assez fréquentes. Le docteur Peeters accuse les chiffres suivants : en 1877, 14 évadés ; en 1878, 7 hommes ; en 1879, 6 évadés ; en 1880, 7 ; en 1881, 14 évadés.

Un fait qu'il importe de signaler, quand on étudie la situation de la colonie, est l'existence à Gheel d'un élément de désordre, en la personne d'hommes et de femmes placés par l'administration charitable des grandes villes et mêlés à la population sensée chargée de surveiller les aliénés. Sous le nom de pensionnaires libres, des villes comme Bruxelle et Anvers, dans un but d'économie, envoient à Gheel une foule d'indigents comprenant des aliénés qui sont placés en dehors de toutes les formalités que prescrit la loi sur les aliénés. Au moment ou les délégués de la Commission du Sénat ont visité la colonie, on y comptait plus de 300 de ces pensionnaires placés au prix de 60 centimes par jour.

Ces individus échappent à toute surveillance. Regardant les aliénés colloqués comme des êtres d'une espèce inférieure ils n'ont pour eux que du mépris et se livrent envers eux à toutes sortes de sévices et de violences. Il arrive, dit le docteur Peeters qu'ils s'emparent de leurs effets, leur prennent leur morceau de pain, les maltraitent. « J'ai vu dit-il, il n'y a pas longtemps, un imbécile, pensionnaire libre, porter la main sur un jeune garçon épileptique et inoffensif. Plusieurs, sous l'influence de troubles mentaux, se livrent aux excès de boissons, commettent des viols ou des actes immoraux. »

L'existence de ces pensionnaires libres est un véritable fléau pour la colonie de Gheel.

Ce qui frappe, en dehors des pensionnaires libres, quand on examine la colonie de Gheel, c'est l'insuffisance du service médical et de la surveillance. — L'intervention médicale ne se fait pas sentir d'une manière assez active vis-à-vis des aliénés qui ne sont pas à l'infirmerie. Le règlement actuel de 1882 prescrit bien une visite par semaine pour les aliénés curables et une par mois pour les incurables ; mais l'action directe du médecin sur le malade est encore insuffisante. Quatre médecins chargés de plus de 1.600 aliénés sont dans l'impossibilité de donner à ces individus les soins qui leur seraient nécessaires. Il en est de même pour les gardes de section dont nous avons vu l'importance et qui ne sont que quatre pour visiter plus de mille nourriciers résidant souvent dans des hameaux écartés de l'agglomération centrale comme Belt et Waterloo. La surveillance, dans ces conditions, ne peut être ni continue ni régulière ainsi qu'il convient dans une colonie d'aliénés.

Ce qu'on vante dans la colonie de Gheel, ce sont les avantages résultant de la circulation en plein air, de la vie en famille et du travail des champs qui la font préférer aux asiles fermés. Or, ainsi que l'a dit le docteur Falret, le bien-être des aliénés à Gheel laisse beaucoup à désirer pour certains d'entre eux. Il est inférieur sous certains rapports à celui qu'on leur procure journellement dans les asiles. Les malades tranquilles et inoffensifs y sont moins bien sous le rapport de la nourriture, des vêtements, des soins personnels et des ressources matérielles de toute sorte que dans les asiles publics. Les aliénés malpropres, gâteux ou atteints de maladies incidentes y sont certainement moins bien soignés que dans les asiles ordinaires. Enfin les aliénés agités, dangereux ou épileptiques, tous ceux en un mot qui inspirent des craintes d'une nature quelconque, sont incontestablement moins heureux à Gheel que dans les asiles.

Malgré ses défauts la colonie de Gheel présente à la visite une impression favorable. — M. Falret, dans un rapport lu à la Société médico-psychologique au nom d'une commission chargée d'examiner Gheel, s'exprimait en ces termes. « On rencontre d'abord dans les rues quelques rares aliénés se promenant solitairement : ils parlent et gesticulent seuls ; mais ils ne se livrent à aucun acte nuisible ; les habitants de la commune passent auprès d'eux sans s'en inquiéter et sans s'étonner de la bizarrerie de leur maintien, de leurs costumes et de leurs actes. Lorsqu'on entre dans l'intérieur des habitations, on y trouve en général plu-

sieurs malades assis au foyer domestique ; ils mangent
à la même table que les nourriciers, parlent seuls dans
un coin et sont occupés à suivre le cours solitaire de
leurs pensées ; ou bien ils s'emploient avec les divers
membres de la famille à des travaux de ménage, éplu-
chant les légumes, soignant la marmite, mettant le
couvert, venant en aide en un mot aux femmes et aux
enfants avec lesquels ils se trouvent mélangés sans aucune marque distinctive... La plupart d'entre eux paraissent satisfaits de leur sort... La même impression
favorable se reproduit, lorsqu'après avoir questionné
les malades on interroge les nourriciers et leurs familles,
ainsi que les divers habitants de la commune de Gheel.
On remarque chez la plupart les mêmes sentiments de
douceur et de bienveillance à l'égard des aliénés, la
même disposition à les entourer de soins et de protection et, ce qui frappe par-dessus tout, la même absence
de crainte relativement aux aliénés. On trouve partout
la même conviction que ces malades sont générale-
ment inoffensifs, qu'il faut supporter leur bizarrerie sans s'émouvoir et sans en rire ; qu'ils n'ont
besoin le plus souvent que d'une surveillance affec-
tueuse et bienveillante sans moyens de rigueurs inutiles.

La population saine exerce à tout instant sur la population infirme une surveillance générale qui n'est pas
un des moindres attraits de Gheel pour l'observateur at-
tentif. — C'est un phénomène vraiment très curieux.
Il explique le mystère que Gheel offre au premier abord
à celui qui ne l'a pas encore visité. On se demande
comment il est possible de donner à des aliénés la même
liberté qu'à des hommes sains d'esprit et comment, dans

de semblables conditions, les accidents ne sont pas plus
fréquents... ?

Ce mystère s'explique par ce fait général que 800 aliénés sont sous la protection et la surveillance de 10.000
habitants. Ceux-ci sont toujours prêts à leur servir de
guide et d'appui ; ils les arrêtent dans la manifestation
de leurs actes violents ou désordonnés ; ils les gouver-
nent, soit par la douceur, soit par la ruse, soit par la rigueur... »

La conclusion qu'il faut tirer de cet examen est que
la colonie de Ghiel ne mérite ni les louanges excessives
ni les attaques qu'on lui a adressées. Le système du
traitement familial y réussit pour certains aliénés, grâce
aux conditions spéciales dans lesquelles il est appelé à
fonctionner, mais il ne faut pas ce figurer qu'elles pourraient être réunies par une simple loi ou par un décret.
On trouverait difficilement en France toute une population, habituée depuis plusieurs siècles à recevoir et
à traiter des aliénés, pour laquelle ils ne seraient pas
un objet de dérision ou de crainte, mais des malades à
plaindre, placés sous la surveillance et la protection de
tous.

A côté du système préconisant les secours à domicile
et le traitement familial, certains réformateurs, tout en
maintenant le principe du traitement des aliénés dans
un établissement spécial, ont voulu étendre le plus possible la liberté de mouvement laissée aux aliénés et ont
préconisé la suppression de tout mode apparent de clô-
ture tant extérieur qu'intérieur, en créant ce qu'on a
appelé des asiles aux portes ouvertes.

Les plus zélés promoteurs de ce système sont les aliénistes écossais et c'est en Ecosse qu'il fonctionne

dans toute sa pureté, notamment à Woodilee près de Glasgow, à Morningside près Edimbourg, à Melrose et à Gartnavels : ces asiles sont construits au milieu de domaines ruraux dont les pelouses et les jardins entourent de tous côtés les bâtiments ; les aliénés y peuvent circuler librement partout, sans qu'aucune cour soit close de murs, sans que dans les bâtiments aucune serrure soit fermée à clef. — Les malades ne sont pas cependant livrés à eux-mêmes sans ordre et sans discipline. Nulle part l'ordre n'est plus réel ; mais aux obstacles matériels ostensibles, on a substitué la précision dans l'emploi du temps et dans l'enchaînement des occupations, la régularité acquise des habitudes et surtout la vigilance incessante du personnel de surveillance qui dirige les aliénés dans les détails de leur existence journalière. C'est ce dernier point qui est la caractéristique du système. Chaque surveillant a un certain nombre d'aliénés qu'il doit étudier d'une matière complète, n'ayant ni muraille, ni serrure pour l'aider dans sa surveillance. Il faut qu'il arrive à gagner leur confiance et qu'il les traite amicalement puisqu'il ne peut les maintenir dans le calme et l'observation du règlement que par la persuasion et les bons sentiments.

Les partisans du système prétendent que ces résultats s'obtiennent avec peu d'efforts.

Les aliénistes anglais, adversaires de l'asile aux portes ouvertes, formulent contre lui les objections suivantes. Substituer aux murs et aux serrures des surveillants qui empêchent de passer, c'est aboutir au même résultat et remplacer un obstacle matériel et inerte par une résistance qui de passive peut devenir active en sorte que les malades n'y gagnent rien, au contraire. Ils ajoutent que les aliénés écossais sont d'un naturel apathique, grâce auquel ils se soumettent à une règle que les malades anglais, plus pétulants et à individualité plus prononcée, ne supporteraient pas avec la même résignation. Ils reprochent en outre au système de coûter très cher.

L'expérience du nouveau système écossais n'est pas encore assez complète pour qu'on puisse le juger définitivement, mais son prix de revient empêchera toujours qu'il se généralise dans sa pureté. Il est probable cependant qu'il provoquera des imitations réduites ou partielles et contribuera, dans ces conditions, à améliorer indirectement le sort des aliénés.

S'il n'y a pas lieu de préconiser en France l'établissement d'asiles aux portes ouvertes qui auraient peu de chance de s'y généraliser, il n'en est pas de même pour les établissements ouverts qui, sous forme de fermes, de cottages, d'ateliers divers ont été créés comme annexes d'asiles fermés et servent à recevoir la partie des aliénés de ces établissements dont le travail peut être utilisé.

Ces établissements, qui se sont généralisés en Allemagne et Angleterre, ont été créés d'abord en France. — Depuis longtemps l'asile privé de Clermont (Oise) qui fait fonction d'asile public pour cinq départements, a des fermes comme dépendances. De nombreux asiles départementaux se sont annexés des terrains à cultiver.

Ce système, qui n'a pas les inconvénients du système familial, repose sur cette donnée que des occupations régulières, la discipline, les bons procédés, la vie au grand air sont de bons moyens de guérison et en même temps d'excellentes mesures économiques. En les appliquant bien, on peut obtenir du plus grand nombre des aliénés internés dans les asiles fermés le maximum de rendement en travail, en même temps qu'on leur assure la plus grande somme de bien-être et qu'on réduit au minimum les frais d'assistance. Pour arriver à ces résultats, il faut développer les applications que nous avons déjà faites de ce système et arriver à la colonisation des aliénés qui fournit en Allemagne de grands succès.

En fin de compte, si nous voulons nous résumer, nous arrivons aux conclusions suivantes. Le système de secours à domicile et du traitement familial qui a été et qui est si vanté comporte un grand nombre d'inconvénients qui s'opposerait à son développement en France, malgré l'adoption par la Commission de la Chambre des députés de la proposition G. Berry, qui consacre législativement le droit de placer les aliénés dans les familles. — On ne peut tirer argument de ce qui existe en Ecosse et à Gheel, les résultats obtenus dans ces pays tenant à des conditions particulières qu'il serait difficile de réunir en France.

L'avenir est aux colonies d'aliénés, c'est-à-dire aux asiles fermés ayant comme annexes des exploitations agricoles permettant de remédier à l'encombrement des asiles et de réduire la charge de l'assistance tout en donnant aux aliénés le plus de liberté possible.

CHAPITRE III

DE LA CONDITION CIVILE DES ALIÉNÉS

SECTION I

De la condition civile des aliénés internés

Nous avons vu dans les première pages de cette étude, quels étaient les inconvénients de l'interdiction et les causes qui avaient nécessité l'élaboration d'une nouvelle législation sur les aliénés.

Au point de vue civil, particulièrement, cette élaboration a été délicate. Il s'agissait de trouver un régime qui, sans aboutir à l'interdiction, protégeât cependant suffisamment les biens des aliénés internés, qui ne pouvaient par eux-mêmes pourvoir à leur gestion, mais dont l'internement pouvait n'être que provisoire. — Il faut remarquer que la recherche de ce régime n'intéressait pas seulement les biens eux-mêmes mais encore la liberté individuelle ; cette dernière étant d'autant plus protégée que la gestion est plus sévèrement contrôlée et à l'abri de la mainmise des étrangers ou même des parents.

Ce qui domine toute cette partie de la loi, c'est le caractère simplement provisoire et conservatoire qu'on a

voulu donner à cette administration en maintenant la
nécessité de l'interdiction pour le cas où l'aliénation se
prolongeant, des actes de dispositions devraient être
faits. L'aliéné n'est pas déclaré incapable, les actes
faits par lui sont simplement annulables. Quant à la
gestion, elle est répartie entre un administrateur provisoire, un mandataire *ad litem* et un curateur.

Notre étude de la condition civile des aliénés internés comprendra deux paragraphes : le premier traitant
de leur capacité civile, le second de l'administration de
leurs biens.

§ I. — *De la capacité civile des aliénés internés.*

La capacité de l'aliéné interné est réglée par l'article
39 de la loi de 1838. — Cet article ne s'applique qu'aux
actes faits pendant l'internement et ne réagit pas sur
les actes faits après ou avant, comme dans l'interdiction. Mais il a trait à tous les actes faits par l'intéressé,
sans qu'il y ait lieu de distinguer entre les actes à titre
onéreux et les actes à titre gratuit ni de considérer, si
une administration provisoire est constituée.

Les actes de l'aliéné interné ont une valeur diffé-
rente de celle de l'interdit. — Ces derniers sont nuls
de droit, s'ils sont faits après le jugement d'interdiction ; faits antérieurement, ils sont annulables si l'individu était déjà notoirement dans l'état qui a motivé
son interdiction.

La capacité de l'aliéné interné se rapproche du droit
commun.

Les actes qu'il fait sont simplement annulables et
non nuls de droit. — C'est à la personne qui prétend
qu'ils ne sont pas valables à prouver leur vice et non à
celle qui s'en réclame à montrer leur régularité. C'est
ce qui résulte du texte même de l'article 39 et de la
discussion qui eut lieu devant les Chambres.

Au texte proposé par la Commission de la Chambre
des paires « les actes faits par une personne placée dans
un établissement d'aliénés, pendant le temps qu'elle y
aura été enfermée sans que son interdiction ait été prononcée ou provoquée, pourront être attaqués pour
cause de démence ». M. Laplagne Barris opposait un
amendement conçu en ces termes : « les actes faits par
un individu placé dans un établissement d'aliénés,
pendant le temps qu'il y aura été détenu, seront nuls,
sauf, toutefois, à la partie à laquelle la nullité sera
opposée de prouver que cet individu était sain d'esprit au moment où l'acte a été passé. »

Cet amendement était le contrepied du texte de la
Commission ; d'après lui, tous les actes faits pendant
l'internement seront nuls, sauf si les personnes intéressées à leur maintien prouvent la sanité d'esprit au
moment de leur passation. — M. Laplagne Barris soutenait ainsi son amendement : dans le système de la
Commission, l'aliéné ou ses héritiers qui voudront faire
annuler l'acte, devront prouver : 1° l'internement ; 2° la
folie au moment où l'acte a été fait. Or, il leur sera
difficile et pénible de fournir la preuve du second fait.
Il sera toujours difficile de prouver la démence au moment de la passation de l'acte, il sera souvent pénible
de révéler au public le genre de folie dont l'individu
interné était atteint.

Ces arguments n'étaient pas dépourvus de justesse, mais le ministre de la justice se prononça contre l'amendement dans l'intérêt des tiers. Voici son raisonnement. L'internement, ayant lieu d'après le projet de loi sans aucune mesure de publicité, si tous les actes passés par l'individu séquestré sont nuls en principe, ce principe pourra causer préjudice aux tiers. Supposons qu'un aliéné interné donne procuration et que la personne munie de cette procuration traite en son nom avec un tiers ignorant l'internement, ce tiers sera lésé injustement.

Le rapporteur, M. Berthélemy, après avoir présenté quelques observations contradictoires, conclut de même au rejet. C'est ce qui eut lieu et le texte de la Commission fut adopté (moniteur, séance du 13 et 14 fév. 1838). — Ce texte ne subit plus de modification et passa tel quel dans la loi sauf les mots « conformément à l'article 1304 » qui furent ajoutés.

Cette analyse des débats montre suffisamment quelle a été la pensée du législateur. Cependant, MM. Huc, Marcadé, Toulié contrairement à l'opinion de la majorité des jurisconsultes prétendent que l'article 39 établit une présomption générale d'incapacité, l'aliénation mentale résultant jusqu'à preuve du contraire du fait de la retention dans l'asile.

Il y a là une erreur, allant contre le texte même de l'article qui est pourtant suffisamment clair, et heurtant toutes les règles de droit. — La folie n'étant pas constatée judiciairement, quoique l'internement la rend probable, et des intervalles lucides pouvant se produire, pendant lesquels l'acte peut avoir été passé, le droit commun doit être appliqué. C'est du reste l'opinion de la jurisprudence. (Tribunal de Lyon 25 juin 1880).

L'article 39 consacrant ainsi le droit commun en matière de preuve, le demandeur en nullité devra prouver la folie au moment même où l'acte a été passé. Dalloz, dans son répertoire, fait la distinction suivante : Si au moment où l'acte a été fait, l'individu était dans un état permettant l'interdiction, il suffira de prouver cet état ; dans les autres cas, il faudra prouver la démence au moment de l'acte. — Ce raisonnement tend à appliquer la distinction faite par le Code civil au cas d'interdiction et doit par conséquent être écarté puisque la loi de 1838 a voulu s'éloigner entièrement de l'interdiction.

M. Colmet de Santerre prétend que la demande d'annulation pour cause de démence étant basée sur le seul fait de l'internement, ce fait dispensera de prouver soit la démence au moment de l'acte, soit même l'état habituel de folie ; cependant la loi ne prononçant pas la nullité de droit, le tribunal pourra refuser de prononcr l'annulation, s'il pense que l'acte a été fait dans un moment de lucidité. — Ce système est en contradiction complète avec l'article 39 et la discussion qui a précédé son vote ; il doit être repoussé.

Le demandeur en nullité devra donc prouver la démence au moment où l'acte a été passé ; mais le tribunal a plein pouvoir pour apprécier les faits qui lui sont soumis, et l'internement le rendra moins sévère sur la preuve à fournir, établissant en réalité une véritable présomption de fait de la folie de l'individu interné.

La nullité établie par l'article 39 n'étant qu'une nullité relative, il en résulte plusieurs conséquences importantes au point de vue des personnes qui peuvent s'en prévaloir, du délai pendant lequel elle peut être opposée ou proposée, de la confirmation de l'acte vicié.

La nullité ne peut être demandée que par l'aliéné, ses représentants ou ses ayants causes. — La loi déroge au droit commun en ce qui concerne le droit des héritiers. D'après l'article 504 du Code, les actes d'un individu ne peuvent être attaqués après sa mort qu'autant que la preuve de la démence résulte de l'acte lui-même, du moment que l'interdiction n'a été ni prononcée ni provoquée avant son décès. — Or, il résulte de la combinaison des paragraphes 1 et 3 de l'article 39 qu'aucune condition n'est mise à l'exercice de l'action par les héritiers ; le législateur ayant pensé que l'internement était une présomption suffisante de l'insanité de l'individu.

Le ministère public ne pourrait lui-même demander la nullité puisqu'aucun texte ne lui accorde ce droit (Cassation, 15 mai 1878, Rabichon).

La nullité étant simplement relative ne peut être opposée que pendant un délai de dix ans. — Ce délai court à partir de la signification de l'acte faite à la personne internée après la sortie de l'asile ou de la connaissance qu'elle en a. Il y a une heureuse différence avec ce qui a lieu au cas d'interdiction, où le délai de dix ans court à partir de la mainlevée de l'interdiction, même si l'ancien interdit n'a pas connaissance de l'acte qu'il a fait. — Il en résulte une différence de traitement entre les aliénés séquestrés suivant qu'ils sont interdits ou non, ces derniers étant plus efficacement protégés. — MM. Demolombe et Colmet de Santerre, frappés de cette situation, se sont efforcés d'y remédier en voulant appliquer *a fortiori* la disposition de l'article 39 aux aliénés interdits séquestrés. — Cette application nous semble impossible puisqu'il a toujours été entendu, lors de la discussion de la loi, qu'on ne touchait pas à la situation de interdits ; elle nous semble en outre inutile. Si l'acte a été exécuté avant la cessation de l'interdiction, sa trace s'en retrouvera dans le compte de tutelle présenté à l'ancien interdit ou à ses héritiers et l'attention étant éveillée, l'action en nullité pourra être intentée dans le délai prévu à l'article 1304. Si l'acte n'est pas exécuté à cette époque, l'on pourra toujours invoquer la nullité au moment de son exécution soit pendant dix ans suivant une opinion, soit perpétuellement suivant une opinion contraire.

Le délai court, avons-nous dit, à partir de la signification faite à l'aliéné après sa sortie de l'asile ; mais ferait-elle courir le délai si l'aliéné était sorti de l'asile sans avoir recouvré la raison ?

Cette hypothèse ayant été soulevée lors de la discussion préalable de la loi, on décida que toute liberté était laissée au tribunal, qui apprécierait si l'individu interné était dans un moment lucide et s'il avait eu réellement connaissance de l'acte. Aucune disposition ne fut, cependant, insérée à ce sujet dans la loi. Aussi, MM. Aubry et Rau et Demolombe décident-ils que dans aucun cas la signification ne peut faire courir le délai, l'individu non guéri n'ayant pu avoir connaissance de l'acte.

Une signification n'est pas nécessaire pour faire courir le délai ; il suffit que l'intéressé ait eu connaissance de l'acte depuis sa sortie de l'asile. — Comme il ne s'agit là que de la preuve d'un simple fait, elle peut être administrée par témoins sans qu'il soit nécessaire d'être dans les conditions prescrites par l'article 1349 du Code civil.

L'article 39 de la loi de 1838, s'en référant à l'article 1304 du Code civil, il en résulte que le délai de dix ans peut être suspendu de même par la violence, le dol ou l'erreur.

Cet article, ne distinguant pas, paraît s'appliquer, au premier abord, aux actes judiciaires. Tel est l'avis de Demolombe qui admet que l'aliéné interné peut ester par lui-même en justice, sauf aux magistrats à faire constater son état mental, s'il ne produit pas un certificat médical.

Dans ce système, on ne tient pas compte de l'article 33. Or, ainsi que le disent MM. Aubry et Rau, cet article est général et exige la présence d'un mandataire spécial dans toute contestation judiciaire où se trouve un aliéné. Il déroge pour un cas particulier à la règle générale qui permet à un aliéné de faire tous les actes de la vie civile. Cependant, suivant MM. Aubry et Rau, si une action était intentée par un aliéné sans mandataire spécial, la partie adverse ne pourrait opposer ce défaut de qualité que comme fin de non procéder jusqu'à régularisation de la procédure, et si elle ne l'avait pas fait valoir, elle ne pourrait attaquer le jugement pour ce motif.

L'aliéné interné a, comme nous venons de le voir, une capacité qui se rapproche du droit commun. Aussi, il ne peut être privé de ses droits civiques et doit être maintenu sur les listes électorales, la loi ne le désignant pas parmi les personnes qui doivent être rayées (Cassat., 22 avril 1878, D. 78, 1, 244). Mais s'il a la jouissance de ses droits électoraux, l'exercice en est sus-

pendu par l'article 18 du décret du 2 février 1852. —
De même, la loi du 21 novembre 1872 lui refuse le droit
de faire partie du jury.

M. Demolombe considère que l'aliéné interné peut
exercer les droits qu'il tient de la puissance paternelle
et maritale ; qu'il peut être tuteur ou membre d'un
Conseil de famille, n'étant pas compris dans l'article 442, C. civ. Quant à nous, nous trouvons, avec
MM. Aubry et Rau, qu'il ne peut exercer ces différents
droits, car ses actes jouiraient d'une autorité morale
insuffisante, exposés à tout moment à être discutés
pour savoir s'ils ont été faits dans un intervalle lucide
et cela dans un ordre de choses où l'obéissance doit
provenir plus du respect que de l'autorité. Du reste,
si nous nous occupons spécialement de la fonction de
tuteur, il nous semble qu'il en est écarté par un texte
formel, l'article 434, qui dispense de la tutelle tout individu atteint d'une infirmité grave et dûment justifiée.
— Or, l'aliénation mentale est une infirmité grave.

§ II. — *De l'administration des biens des aliénés internés.*

Ainsi que nous l'avons déjà dit, les biens de l'aliéné
interné sont administrés par un administrateur provisoire et un mandataire *ad litem* ; un curateur étant
chargé de veiller à ce que les revenus de ses biens
soient appliqués à son soulagement et à son traitement. — L'aliéné est-il interné dans un asile public ou
un asile privé, l'administration est légale ou judiciaire ;
dans le premier cas, l'administrateur est désigné par la

loi de 1838 elle-même, dans le second cas, il est nommé par le tribunal.

Avant d'étudier cette administration, une question se pose ; les règles que nous allons exposer s'appliquent-elles à tous les aliénés internés ?

Un premier point est hors de doute, c'est qu'elles ne s'appliquent pas au mineur non émancipé et à l'interdit. — Ces individus étant incapables et étant représentés, dans tous les actes de la vie civile, par leur tuteur, la gestion de leur patrimoine est protégée et mieux qu'elle ne le serait par l'administration provisoire.

Mais la question se pose pour le mineur émancipé, pour le majeur pourvu d'un Conseil judiciaire, pour la femme mariée, pour l'individu ayant, avant son internement, désigné un mandataire général chargé d'administrer ses biens. — Nous allons passer successivement en revue chacun de ces individus.

Le mineur émancipé et le majeur pourvu d'un conseil judiciaire n'ont pas l'exercice de leur pleine capacité civile. Mais à la différence des mineurs non émancipés et des interdits, ils ne sont pas représentés par leurs curateurs ou conseils. Quoique dans certains cas, leur capacité soit restreinte, ils font toujours l'acte, mais sous l'obligation de l'assistance de la personne chargée de veiller sur leur administration. Faisant par eux-mêmes les actes de gestion de leur patrimoine, les leur internement les met dans la même position que majeurs. Ne pouvant plus gérer leurs biens, la constitution d'une administration provisoire est nécessaire.

Peut-on donner un administrateur provisoire à une femme mariée internée ?

Il faut distinguer si la femme est ou n'est pas séparée de biens.

La femme séparée de biens contractuellement ou judiciairement a la libre administration de sa fortune, sous l'obligation de pourvoir dans une certaine mesure à l'entretien du ménage ; le mari ne pouvant s'immiscer dans cette gestion, il ne peut y avoir conflit entre son intérêt et celui de la femme et il y a lieu à constitution d'une administration provisoire suivant les règles du droit commun.

Si la femme n'est pas séparée de biens, la situation n'est plus la même, le mari ayant l'administration des biens de sa femme pendant le mariage en vertu des articles 1481 et 1549 du Code. Il n'y a d'exception que pour les biens paraphernaux si les époux sont mariés sous le régime dotal. — Deux intérêts sont en présence et peuvent être en conflit, l'intérêt de la femme internée qui, dans certains cas, demande à être protégé contre le mari, l'intérêt évident de ce dernier à garder l'administration des biens de sa femme.

La jurisprudence reconnaît que la protection de la femme doit passer avant l'intérêt du mari. — Un arrêt de la Cour de Rouen du 25 février 1880, D. 81, 2, 76, reconnaît aux tribunaux le pouvoir de donner dans tous les cas un administrateur provisoire à la femme mariée internée.

Cet arrêt se base sur des raisons tirées de la loi et de l'intérêt de la femme. En premier lieu, la loi de 1838 ne fait pas de distinction entre le mari et la femme. Son article 32 permet aussi bien à l'époux qu'à l'épouse de demander la nomination d'un administrateur provisoire ; il faut en conclure qu'une administration provisoire peut être constituée aussi bien en faveur de la femme internée que de son mari. La femme y a en outre un intérêt évident. Saine d'esprit, elle peut contrôler la gestion de son mari et, au cas où cette gestion laisse à désirer, elle y remédie en demandant la séparation des biens ; atteinte d'aliénation mentale, elle est sans défense et il est juste qu'elle soit remplacée par son administrateur provisoire qui pourra prendre les mesures conservatoires nécessaires. Il faut remarquer en dernier lieu qu'un administrateur n'ayant que des pouvoirs très restreints ne peut pas porter sérieusement atteinte aux droits du mari. — Tels ont été les arguments de la Cour de Rouen. — La Cour de cassation appelée à statuer sur la même affaire a reconnu aux tribunaux le pouvoir de nommer un administrateur, tout au moins lorsque les intérêts de la femme sont en opposition avec ceux du mari.

Req., 14 février 1881, D. 81, 1. 375.

Cette jurisprudence de la Cour de cassation est très raisonnable, conciliant de la manière la plus équitable les intérêts de la femme avec les pouvoirs que le mari tient de la loi. — En principe, le mari reste administrateur des biens de sa femme internée, par analogie avec ce qui se passe au cas d'interdiction où il se trouve tuteur de sa femme (article 506, Code civil). — De même que la tutelle lui est retirée au cas de séparation de corps ; de même au cas où les intérêts sont opposés, un administrateur spécial doit être nommé. — C'est là affaire d'appréciation pour le tribunal.

Un dernier cas se présente où l'on peut se demander s'il y a lieu à constitution de l'administration provisoire ; c'est lorsque l'aliéné avant sa folie et son inter-

nement a désigné son mandataire pour l'administration générale de ses biens.

D'après l'opinion de M. Chardon, la désignation de
ce mandataire ferait obstacle à la constitution de
l'administration provisoire. — Considérant l'aliéné
comme un absent, ainsi qu'on l'a fait fréquemment,
pendant la discussion de la loi de 1838, il invoque l'article 112 du Code, qui n'admet pas l'intervention de la
justice dans l'Administration des biens de l'absent qui
a laissé un mandataire et l'applique à l'aliéné pour refuser aux Tribunaux le droit de nommer un administrateur provisoire. Dans ce but, il se base encore sur
l'article 2003 du Code qui décide que le mandat n'est
révoqué que par l'interdiction.

Nous croyons que la loi de 1838 ne distinguant pas,
le tribunal est toujours libre de constituer une administration provisoire, s'il en reconnaît le besoin ; car il
ne faudrait pas pousser jusqu'au bout la théorie que
nous venons d'exposer et prétendre que le mandat doit
être maintenu tout le temps passé dans l'asile. Au
fond plein pouvoir est laissé au tribunal. Telle est
l'opinion à laquelle se rallient M. Demolombe et
MM. Aubry et Rau. — On voit du reste tous les dangers que courraient les intérêts de l'aliéné, du fait de la
perpétuité de la gestion du mandataire qui ne pourrait
être contrôlée.

Connaissant les cas où il y a lieu à administration
provisoire, nous allons étudier sa constitution et les
pouvoirs de l'administration,

Dès qu'un aliéné est interné dans un asile public, la
Commission de surveillance est chargée de plein droit
de l'administration provisoire de ses biens (art. 31,

l. 1838). Elle peut, d'après ce même article en déléguer l'exercice à l'un de ses membres ; mais il n'y a là qu'une mesure d'ordre intérieur. — Dans certains départements.il est pourvu à l'hospitalisation des aliénés au moyen d'un traité passé entre le département et un établissement privé ; dans ce cas une Commission de surveillance nommée par le préfet est chargée de contrôler le fonctionnement de l'établissement (Instruction ministérielle, 15 janvier 1860), mais elle ne jouit pas des pouvoirs de la Commission d'un établissement public en ce qui concerne l'administration des biens des aliénés. — Ces derniers sont dans la même situation que s'ils étaient dans un établissement privé, entièrement indépendant. .

La gestion des biens des individus internés est obligatoire pour la Commission administrative. Au moment de la discussion de la loi de 1838, le ministre de l'Intérieur et le Garde des sceaux avaient déclaré qu'ils considéraient l'article 31 comme donnant une simple faculté à l'administration, mais cet article, n'ayant pas été modifié dans sa rédaction, doit être interprété littéralement. — Du reste, la Commission peut toujours se décharger de cette gestion, si elle la trouve trop lourde, en demandant au tribunal la nomination d'un administrateur judiciaire.

En effet, l'administration légale peut toujours être remplacée par une administration judiciaire, nommée non seulement sur la demande de la Commission administrative, mais encore sur la demande du procureur de la République ou des parents de l'individu interné, s'ils trouvent que la Commission s'acquitte mal de sa tâche.

Il y a encore lieu à nomination, par le tribunal d'un administrateur provisoire, lorsque l'aliéné est enfermé dans un établissement privé ; il faut entendre par établissement privé, les asiles autorisés et contrôlés par l'administration, les aliénés internés dans une maison de santé, non reconnue, restant soumis au droit commun.

La nomination d'un administrateur provisoire, qu'il s'agisse d'un individu enfermé dans un asile public ou dans un asile privé, peut être demandée par le procureur de la République, l'époux ou l'épouse, un parent de la personne aliéné (art. 32). Cette nomination ne pourrait pas être poursuivie par un allié de la famille (Tribunal de la Seine, 28 janvier 1854). Une question discutée est celle de voir si l'aliéné lui-même peut demander la nomination d'un administrateur provisoire.

Suivant MM. Aubry et Rau, il ne le peut pas. Aucun texte ne lui donne ce droit et il ne peut réclamer lui-même la déclaration de son incapacité. Il serait inexact de vouloir assimiler la demande d'un administrateur provisoire à celle d'un curateur, le droit de faire cette dernière demande étant reconnu formellement à l'aliéné par la loi de 1838. La situation n'est pas la même, les parents ont toujours intérêt à ce que les biens de l'individu soient bien gérés et ils pourvoiront à leur administration, tandis qu'il peut arriver qu'ils négligent les soins nécessaires pour la guérison de l'aliéné et ce dernier doit pouvoir demander un curateur à cet effet.

Ces raisons développées par M. Aubry et Rau ne nous convainquent pas, et pour nous, nous ne voyons aucun empêchement à ce que l'aliéné interné put, dans un moment de lucidité, demander la nomination d'un administrateur provisoire, aussi bien que celle d'un curateur. Il est erroné de croire que ses parents mettront toujours tous leurs soins à la constitution de l'administration provisoire. Ils n'ont pas toujours intérêt à ce que la fortune de leur parent soit gérée régulièrement, une gestion occulte et irrégulière leur permettant plus facilement de s'en emparer. La loi prévoit, du reste, cette hypothèse puisqu'elle permet au procureur de la République de requérir la nomination de l'administrateur. Mais cette disposition est insuffisante, ce dernier pouvant ignorer la situation de l'aliéné et l'individu interné doit pouvoir demander lui-même la constitution de l'administration provisoire.

Il est inexact de prétendre que l'aliéné réclame lui-même son incapacité. Il ne fait que demander au tribunal de compléter l'état de choses auquel il est soumis. Dans l'impossibilité matérielle de gérer sa fortune, il demande que quelqu'un soit chargé de l'administrer en son lieu et place.

La demande n'étant pas obligatoire, il en résulte que les individus internés, dans un établissement privé, peuvent se trouver sans administrateur puisque l'Administration légale ne s'applique qu'aux aliénés placés dans les asiles publics. Cette situation avait été prévue pendant la discussion de la loi de 1838, et un amendement avait été déposé dans le but de rendre la nomination de l'administrateur provisoire obligatoire dans les trois mois de l'internement. — Cet amendement fut repoussé après de longs débats. Le rejet fut motivé par les raisons suivantes. La plus grande partie,

des aliénés internés est a-t-on dit, sans fortune et la nomination d'un administrateur provisoire serait inutile.
Donnant lieu à des frais, elle entraînerait les familles,
les départements et les communes dans des dépenses
frustratoires. — Quant aux aliénés ayant des biens, la
loi pourvoit suffisamment à leur protection en autori-
sant la famille et le procureur de la République à requérir cette nomination.

Ce raisonnement est juste en ce qui touche les aliénés
sans fortune, mais est erroné relativement aux aliénés
possédant des biens ; comme nous l'avons dit plus
haut, la famille peut avoir intérêt à ne pas requérir
cette nomination ; quant au procureur de la République, il peut n'être pas au courant de la situation. Il
y a là une lacune dans la loi.

La nomination est faite par le tribunal de première
instance, après avis du conseil de famille, le ministère
public entendu (art. 32). Cette décision n'est pas susceptible d'appel ; mais cette prohibition ne porte que sur
la nomination et l'on pourrait très bien soumettre aux
juges d'appel les parties du jugement étendant les pouvoirs de l'administrateur en dehors des limites fixées
par la loi.

Le tribunal est libre dans le choix de la personne
qu'il entend investir de l'administration provisoire. De
même que pour la tutelle, il y a là une charge publique
à laquelle elle ne peut se dérober.

L'article 34 déclare, du reste, applicables les dispositions du Code civil sur les causes qui dispensent de la
tutelle, sur les incapacités, les exclusions ou les destitutions des tuteurs.

Mais l'administrateur provisoire à la différence du

tuteur n'est nommé que pour un laps de temps déterminé, pour trois ans.

Le tribunal est libre à l'échéance de renouveler ses pouvoirs. Dans ce cas, l'acceptation de ces fonctions est-elle obligatoire ?

Certains auteurs soutiennent la négative. Ils se fondent pour cela sur les termes mêmes de l'article 37 qui dit : « Ils (ces pouvoirs) pourront être renouvelés »; et ne reproduit par les termes de l'article 34. Dans ces conditions, la disposition qui rend l'administration provisoire obligatoire, disposition très lourde, ne doit pas être applicable.

· Cet argument nous paraît mauvais. L'article 37 emploie bien seulement le mot « renouvelés », mais qui dit renouvellement de pouvoirs, dit par là même exercice de ces pouvoirs dans les mêmes conditions qu'auparavant. Dès lors, toutes les dispositions de l'article 34 doivent être appliquées. — Dans la pratique, il y a un grand intérêt à l'adoption de ce système. Il serait mauvais pour la bonne administration des biens de l'aliéné que l'administrateur soit changé tous les trois ans : ce changement aurait, en outre, l'inconvénient de mettre beaucoup de personnes au courant des affaires de l'individu interné. — On peut répondre, il est vrai, que l'administration peut devenir une charge fort lourde pour celui qui la supporte ; mais il y a là une affaire de mesure laissée à l'appréciation du tribunal.

Les pouvoirs de l'administrateur qu'il soit légal ou judiciaire étant presque identiques, nous ne ferons pas une étude spéciale pour chacun d'eux et nous nous bornerons à noter chemin faisant, les quelques différences qui existent.

L'article 31 de la loi de 1838 cite un certain nombre d'actes dont l'administrateur provisoire se trouve chargé ; le recouvrement des créances, l'acquittement des dettes, la vente du mobilier, etc. Cette énumération n'est pas limitative, mais il résulte des exemples cités, du nom même qui lui est donné et de l'assimilation qui est faite par la loi avec l'administration provisoire de l'article 497 du Code que cet administrateur ne peut faire que des actes de pure administration et prendre des mesures simplement conservatoires. Cela résulte, en outre, de la discussion même de la loi, ses auteurs n'ayant eu en vue que de pourvoir à l'administration des biens d'un aliéné enfermé temporairement, et ayant entendu maintenir toujours l'interdiction pour les cas de folie incurable.

L'assimilation avec l'administrateur provisoire de l'article 497 ne doit pas être poussée trop loin. A la différence de ce dernier, l'administrateur de la loi de 1838 n'est pas chargé de prendre soin de la personne de l'aliéné ; un curateur spécial pouvant être nommé dans ce but par le tribunal. Il n'est pas chargé de représenter l'aliéné en justice, un mandataire *ad litem* étant nommé à ce sujet par le tribunal.

Investi du soin de prendre des mesures conservatoires et de pure administration, l'administrateur est chargé de passer les baux, qui ne peuvent avoir une durée de plus de 3 ans, de recouvrer les sommes dues à l'aliéné. — Par ces mots le recouvrement des sommes dues à l'aliéné, il faut entendre non seulement le droit de toucher les créances mais encore celui d'en poursuivre le recouvrement si les débiteurs sont en retard. Ce pouvoir est cependant soumis à deux restrictions. L'administrateur ne peut poursuivre que le recouvrement des créances constatées par actes authentiques, car dans le cas contraire, il y aurait lieu à une action en justice, ce qui rentre dans les fonctions du mandataire *ad litem*. En second lieu, si l'administration est légale, l'administrateur étant un membre de la Commission administrative de l'asile, et cette dernière, d'après les principes du droit administratif, n'ayant pas le maniement des deniers, le recouvrement des créances est opéré par le receveur de l'asile public.

Il semble cependant que la loi apporte une exception au principe d'après lequel l'administrateur ne peut poursuivre en justice le recouvrement des créance dues à l'aliéné. Dans son article 27, elle dit en effet : « 'Sil y a contestation sur l'obligation de fournir des aliments ou sur leur quotité, il sera statué par le tribunal compétent, à la diligence de l'administrateur désigné en exécution des articles 31 et 32. » — Il n'y a là qu'une illusion et si l'on examine de plus près la disposition contenue dans l'article 27, on voit qu'il n'y a pas dérogation au principe inscrit dans l'article 33. L'aliéné est débiteur envers l'administration du prix de sa pension, tandis qu'il est créancier du montant de la pension alimentaire qui lui est due ; or, d'après l'article 1166 du Code civil, les créanciers ont le droit d'exercer les actions de leurs débiteurs ; et l'administrateur, poursuivant le recouvrement des aliments dûs, agit comme délégué de la Commission administrative, en exerçant le droit qui lui appartient, et non comme représentant de l'aliéné.

L'administrateur provisoire peut, avec l'autorisation du Président du tribunal, faire vendre le mobilier. — L'article 31 dit « faire vendre », c'est-à-dire que la

vente doit avoir lieu aux enchères et ne peut être faite
à l'amiable.

La loi ne distinguant pas, on considère qu'elle autorise aussi bien la vente des biens incorporels que celle des
biens corporels. Cette interprétation est du reste consacrée législativement par la loi du 27 février 1880, qui
décide que les formalités qu'elle édicte, sont applicables aux valeurs mobilières appartenant aux aliénés.
— Dans le cas ou l'administration est légale, la Commission de surveillance de l'établissement joue le rôle
de conseil de famille. — A la différence de ce qui se
passe au cas de minorité où d'interdiction, il n'y a pas
de subrogé-tuteur chargé de contrôler l'exécution des
diverses formalités.

Quel est le tribunal dont le Président doit donner
l'autorisation nécessaire ? — On peut hésiter entre trois
tribunaux : celui de la situation des meubles, celui de
la demeure de l'aliéné, celui de la situation de l'établissement. Dans le silence de la loi, il semble qu'on
doit suivre les règles applicables au cas de minorité
ou d'interdiction, l'aliéné ressemblant beaucoup à un
mineur ; d'après ces règles, l'autorisation est délivrée
par le Président du tribunal du domicile du mineur
(articles 452 Code civil et 246 Code procédure civile) ;
ce domicile étant celui du tuteur d'après l'article 108,
Code civil.

Le Président du tribunal peut-il autoriser l'administrateur provisoire à opérer la vente d'un office ministériel ? — A première vue, il semble que oui, puisque la
créance résultant de la vente est une créance mobilière. La jurisprudence est cependant divisée sur ce
point. Un arrêt de la Cour de Metz du 8 décembre 1868

conclut pour la négative. D'après l'article 31, l'administrateur ne pourrait vendre l'office qu'aux enchères et un intérêt d'ordre public s'oppose à ce qu'un office ministériel soit vendu dans ces conditions. Auparavant, une circulaire ministérielle du 9 juin 1857, et un arrêt de la Cour de Lyon du 12 juin 1865, s'étaient prononcés pour l'affirmative. L'administrateur autorisé par une délibération du Conseil de famille homologuée par le tribunal, était autorisé à traiter à l'amiable la cession d'un office. On considérait que le contrôle exercé par la Chancellerie sur le prix de l'office équivalait à la garantie des enchères. — Dans la pratique, cette solution semble la meilleure, quoiqu'elle innove entièrement, la loi n'exigeant nulle part pour la vente, une délibération du conseil de famille homologuée par le tribunal.

La même question se pose pour les fonds de commerce, l'administrateur provisoire peut-il faire vendre un fonds de commerce ? — Il semble que l'affirmative s'impose, les raisons énumérées plus haut relativement aux inconvénients de la vente d'un office ministériel, n'existant pas ici. Il y a pourtant divergence sur ce point dans la jurisprudence. Deux jugements du tribunal de la Seine du 30 août 1850 et 3 juillet 1851 sont pour l'affirmative ; un autre du 11 juillet 1849, se prononce pour la négative, prétendant qu'aucun texte n'autorise l'administrateur à vendre des biens de l'aliéné. Mais alors que devient la disposition de l'article 31 de la loi de 1838 ? L'administrateur pouvant vendre tous les meubles, peut vendre un fonds de commerce qui est un meuble.

L'administrateur doit en premier lieu employer l'argent provenant du recouvrement des créances et de la vente du mobilier au paiement des dettes. Mais comment doit-il employer l'excédent? Si l'administration est légale, l'article 31 lui même indique ce qu'on doit en faire, il doit être versé dans la caisse de l'établissement. Mais au cas où l'administration est judiciaire, comment l'administrateur peut-il placer les capitaux, la loi étant muette sur ce point? D'après un premier système, l'administrateur est obligé de se munir d'une autorisation du Conseil de famille pour tout placement autre qu'actions de la banque de France ou rentes sur l'État. Négligeant de la demander, il commettrait une faute engageant sa responsabilité, surtout au cas où le placement n'aurait pas été déterminé par la recherche d'un revenu élevé nécessaire pour le traitement de l'aliéné. Arrêt de la Cour de Grenoble, 27 février 1884 (Jurisprudence de la C. de Grenoble, année 1884, p. 307).

Un second système moins rigoureux auquel nous nous rallions, dispense l'administrateur de l'obligation de demander l'autorisation. L'article 31 de la loi de 1838 étant muet, on peut assimiler l'administrateur provisoire au tuteur. Or, aucun article du Code civil ne soumet le tuteur à cette formalité, et ce silence est expressif en présence des articles 455 et 456, qui l'obligent à demander au Conseil de famille à partir de quelle somme il doit faire emploi des excédents des revenus. D'un autre côté, la loi du 27 février 1880 ne contient aucune disposition ayant modifié le Code sur ce point. L'administrateur n'a donc besoin d'aucune autorisation pour placer les capitaux appartenant à l'aliéné, sauf à faire l'emploi dans un délai de 3 mois (art. 6, 1., 27 fév. 1880). Il ne sera responsable que des placements que n'aurait pas fait un bon père de famille (art. 450, Code civil). — Telle est, du reste, la jurisprudence de la Cour de Cassation, S. 52, 1, 727.

Dans certains cas, les significations doivent être faites à l'administrateur provisoire. D'après l'article 35, « dans le cas où un administrateur provisoire aura été nommé par jugement, les significations à faire à la personne placée dans un établissement d'aliénés seront faites à cet administrateur. — Les significations faites au domicile pourront, suivant les circonstances, être annulées par les tribunaux. — Il n'est point dérogé à l'article 173 du Code de commerce ».

Cet article distingue, suivant que l'aliéné a ou n'a pas d'administrateur nommé par le tribunal. — Dans le premier cas, les significations doivent lui être faites. Dans le second cas, les tiers pouvant ignorer le placement de leur adversaire dans un établissement d'aliénés, les significations sont faites au domicile de l'aliéné. Au cas où on aurait agi ainsi dans un but de fraude, le tribunal pourrait annuler les significations faites au domicile. Ce pouvoir d'appréciation doit être étendu au cas ou les significations devant être faites à l'administrateur nommé par le tribunal, ont été faites au domicile de l'aliéné.

En cas de mort de l'administrateur provisoire, les significations doivent être faites à l'aliéné, mais à l'asile et non à son domicile. Cassation, 15 mars 1865, (S. 65. I. 233).

Ces règles sur les significations ne sont pas applicables au protêt à cause du court délai dans lequel il doit être fait (art. 162, Code de commerce), mais sont de mise pour la dénonciation du protêt pour laquelle

un délai de 15 jours est donné (art. 165, Code de com·
merce), la fin de l'article 35 devant être interprété res-
trictivement.

Le pouvoir d'accepter une succession au nom de
l'aliéné rentre-t-il dans les mesures conservatoires que
l'administrateur peut prendre ?

Il est certain qu'il ne peut l'accepter purement et
simplement de sa propre autorité. Sa loi l'assimile en
effet à l'administrateur de l'article 497, et ce dernier ne
peut avoir ce pouvoir lorsque le tuteur lui-même ne
peut accepter que bénéficiairement et avec l'autorisation du Conseil de famille (art. 461, C. civil). Quant à
l'autorisation du tribunal, elle ne pourrait l'habili-
ter, ce dernier ne pouvant pas lui donner de plus
amples pouvoirs que ceux qui sont déterminés par la
loi.

Mais l'administrateur pourrait-il être autorisé à accepter sous bénéfice d'inventaire ? — A première vue,
il semble qu'il n'y ait aucun inconvénient à le lui permettre. Il n'y a là qu'une mesure conservatoire, ne
présentant pas de danger pour les intérêts de l'aliéné, et
évitant aux cohéritiers de faire procéder à l'interdiction nécessaire pour le règlement de la succession. A
un examen plus approfondi, on voit qu'en acceptant
même bénéficiairement, l'administrateur ne prendrait
pas une simple mesure conservatoire et ferait un véritable acte de disposition, qui pourrait dans certains
cas nuire à l'aliéné. Supposons par exemple que ce
dernier ait été l'objet d'une donation, non dispensée de
rapport, de la part du défunt et que la part qui lui
revienne dans la succession soit moindre ; le rapport
auquel il sera soumis lui enlèvera une partie de la li-

béralité qu'il avait reçue. Il avait donc intérêt à renoncer à la succession.

En résumé, l'acceptation d'une succession excède les pouvoirs d'un administrateur provisoire et ne peut être faite que par le tuteur autorisé par le conseil de famille, Cour de Caen, 15 novembre 1870 (S. 72. 2. 308).

Nous verrons, en parlant du mandataire *ad litem*, comment la jurisprudence s'est efforcée par un moyen, qui n'est, peut-être pas sans critique, d'éviter la nécessité de l'interdiction.

Si l'administrateur provisoire ne peut accepter une succession échue à l'aliéné, il peut le représenter dans les comptes, partages et liquidations, qui l'intéressent. C'est ce qui résulte de l'article 36, qui décide : « A défaut d'administrateur provisoire, le président, à la requête de la partie la plus diligente, commettra un notaire pour représenter les personnes non interdites placées dans un établissement d'aliénés, dans les inventaires, comptes et liquidations dans lesquelles elles seraient intéressées ».

La situation de l'aliéné ayant une grande similitude avec celle de l'absent, on a copié l'article 36 de la loi de 1838 sur l'article 113 du Code civil. Les pouvoirs de l'administrateur sont les mêmes que ceux du notaire commis. Il ne peut prendre part aux partages et liquidations qu'au cas où la succession était acceptée avant l'internement, et il doit s'abstenir si l'aliéné n'avait pas encore pris partie au moment de son entrée dans l'asile.

L'administrateur représentant l'aliéné, le partage peut-il avoir lieu à l'amiable ? — Les partisans de l'affirmative se basent sur l'article 36 qui permet au notaire

d'effectuer le partage, et, par conséquent, y autorise
l'administrateur lorsqu'il en existe un. Cela est exact,
mais l'article 36 est copié sur l'article 113 du Code, et il
résulte, de cet article combiné avec l'article 838, que le
partage doit être judiciaire lorsque tous les cohéritiers
ne sont pas présents (Cour de Paris, 11 août 1891,
26 janvier 1892, etc.)

Le partage, ne pouvant être amiable, doit avoir lieu
en justice et une autre question se pose. Y a-t-il lieu à
nomination d'un mandantaire *ad litem*? — L'affirmative est certaine. L'article 33 exigeant la nomination
d'un mandataire « pour toutes les contestations judiciaires dans lesquelles l'aliéné est engagé ». Ces termes
généraux ne laissent place à aucun doute.

Le rôle de l'administrateur sera très réduit, si le tribunal ne le désigne pas comme mandataire *ad litem* et
il ne pourra qu'assister et prendre part aux opérations
ne nécessitant pas l'intervention de la justice.

Si l'aliéné interné, est marié, l'administrateur provisoire, gérant tous les biens dont ce dernier avait l'administration, s'occupera non seulement des biens de la
communauté mais encore des biens propres de la
femme. Cette dernière peut du reste être nommée administrateur provisoire, et ce n'est qu'au cas où elle
serait trouvée incapable ou indigne, qu'une autre personne serait désignée.

Elle ne pourrait demander la séparation de biens en
invoquant la démence de son mari comme mettant
sa dote en péril. Si la folie était une cause de séparation de biens, on trouverait dans l'article 1451
du Code la guérison de la maladie comme y mettant
fin. Elle ne peut que demander son interdiction ou la

nomination d'un administrateur provisoire (tribunal de Lyon, 15 janvier 1868 D. 68.3.31). Cette situation ne porte pas du reste atteinte à ses droits, et si elle juge que l'administrateur compromet sa fortune, elle peut demander son remplacement au tribunal.

Les pouvoirs de l'administrateur provisoire cessent au bout de trois ans, au cas où ce dernier a été nommé par le tribunal, mais ils sont renouvelables ainsi que nous l'avons dit plus haut.

Que l'administrateur soit légal ou judiciaire, ses fonctions cessent par la sortie de l'aliéné de l'asile ou par son interdiction.

Mais au cas où l'aliéné sort de l'établissement où il était interné, il faut que l'administrateur en ait connaissance ; jusque-là, étant considéré comme un mandataire, les actes qu'il fait sont valables en vertu de l'article 2008 du Code civil.

Le jugement d'interdiction ne met pas fin aux fonctions de l'administrateur qui continue sa gestion jusqu'à la nomination du tuteur. C'est ce qui résulte de la jurisprudence (Arrêt cour de Rouen, 3 février 1855) qui s'appuie sur l'analogie qui existe avec la situation prévue à l'article 505 du Code civil. Or, il résulte des termes de cet article, décidant que l'administrateur provisoire doit rendre compte de sa gestion au tuteur, qu'il ne cesse ses fonctions qu'à la nomination de ce dernier.

Ses pouvoirs finissant l'administrateur provisoire doit rendre compte de sa gestion.

S'ils finissent par la sortie de l'aliéné de l'asile ou par son interdiction, le compte est rendu à l'ancien aliéné ou à son tuteur. Mais à qui le compte sera-t-il rendu si les pouvoirs cessent par la nomination d'un nouvel administrateur?

M. Babinet, rapporteur dans une affaire à la Cour de Cassation, semble admettre la nécessité de l'interdiction pour que la reddition de compte puisse avoir lieu. Il nous semble qu'il n'est pas nécessaire d'y recourir. Sans vouloir changer le caractère provisoire de l'administration organisée par la loi de 1838, nous croyons qu'elle permet une reddition de compte. Les termes de l'article 36 « comptes, partages, liquidations, » quoique visant surtout les successions, sont généraux et permettent au nouvel administrateur de recevoir les comptes de son prédécesseur. Au cas où l'administrateur ne serait pas remplacé, le tribunal commettrait un notaire à cet effet.

L'administrateur provisoire pourrait-il rendre compte de sa gestion avant la fin de ses fonctions? — Nous savons que le tuteur ne le pourrait pas (article 469 du Code civil). Mais nous croyons qu'il n'en est pas de même pour l'administrateur. La minorité finissant dans un temps relativement court, le tuteur pourra voir régler sa situation vis-à-vis de son pupille assez rapidement. — Mais il n'en est pas de même de l'aliénation et de l'internement qui peuvent se prolonger indéfiniment et il est juste que l'administrateur au cas où il devient créancier de l'aliéné, puisse faire régler son compte. — La Cour de cassation ne semble pas lui dénier ce droit.

L'administrateur rendra son compte au notaire commis à cet effet par le tribunal. Si le compte se traduit par un reliquat à la charge de l'administrateur, le recouvrement en sera assuré par l'hypothèque mi légale, mi judiciaire de l'article 34, dont nous parlerons plus loin. Mais au cas où l'aliéné sera débiteur de l'administrateur, comment ce dernier pourra-t-il recouvrer sa créance ? Dans une espèce identique, l'administrateur avait obtenu une délibération du conseil de famille qui reconnaissant l'aliéné comme son débiteur, prenait acte de la cession de la créance faite à un tiers et constituait sur ses biens une hypothèque en garantie de la dette. — La Cour de cassation, dans un arrêt du 23 mars 1882, (D. 82. 1. 367) a considéré comme irrégulière cette manière de procéder, estimant que la loi de 1838 n'avait pas entendu rendre applicables à l'administrateur provisoire les articles 457 et 509 du Code civil relatifs à l'interdiction. L'administrateur, pour rentrer dans ses fonds, devra, ou faire procéder à l'interdiction, ou intenter une action en justice contre l'aliéné pour le faire condamner à lui payer le solde dû. De ces deux voies, cette dernière sera la plus simple et la plus rapide.

La loi de 1838 ne contient aucune disposition relative à la responsabilité de l'administrateur provisoire ; en conséquence, elle doit être appréciée d'après les règles du droit commun et non d'après les règles applicables à la responsabilité du tuteur, règles souvent exorbitantes, notamment dans les articles 455, 456, 474, Code civil. — La responsabilité de droit commun applicable ici est celle du mandat, articles 1137 et 1492 du Code, l'administrateur devant compte des fautes que ne commettrait pas un bon père de famille.

Pour examiner plus en détail cette responsabilité, il faut distinguer suivant que l'administration est légale ou judiciaire.

L'administration est légale. La Commission de surveillance formant un corps où la majorité lie la minorité, ses membres ne peuvent encourir de responsabilité personnelle. Il en est de même pour le membre délégué, sa délégation n'étant qu'une simple mesure d'ordre intérieure ne déchargeant pas la Commission. Exceptionnellement, cette responsabilité personnelle pourrait exister au cas où il y aurait dol ou faute lourde montrant l'individualité des membres de la Commission.

En dehors de ce cas, les seules responsabilités qui peuvent être en jeu, sont celles de l'établissement et du receveur.

La responsabilité de l'établissement sera très rare, car, pour qu'on puisse lui demander compte des fautes commises dans la gestion des biens de l'aliéné, il faut qu'il ait la personnalité morale ; or, ainsi que nous le verrons dans la suite, exception faite pour quelques asiles indépendants, elle a toujours été déniée par la jurisprudence aux établissements départementaux qui n'ont qu'une autonomie financière, les biens qui leur sont affectés appartenant au département.

Quand à ce dernier, il ne saurait, à notre avis, être rendu responsable des fautes de la Commission de surveillance. Les règles du Code civil sur la responsabilité des maîtres et commettants touchant les fautes commises par leurs employés et préposés ne sont pas applicables d'après la jurisprudence à l'État et au département.

Quant à la responsabilité du receveur de l'établissement elle ne porte que sur le compte matériel des capitaux et revenus qui se trouvent entre ses mains, sa fonction se bornant au rôle de caissier. Le délit qui peut se trouver à sa charge est garanti par son cautionnement et, d'après l'article 31, cette créance est privilégiée sur toutes les autres dettes dont il peut être débiteur, par conséquence même sur les dettes résultant de la gestion des biens de l'établissement. Tous les aliénés ayant même privilège, sont payés par concurrence en vertu de l'article 2097 du Code civil. Au cas où son cautionnement serait insuffisant pour payer ce qu'il doit, le remboursement de l'excédent pourrait être poursuivi sur le reste de ses biens (article 2092, Code civil).

Si ses biens eux-mêmes ne permettaient pas le paiement intégral de sa dette, l'établissement, au cas où il 'aurait la personnalité civile, pourrait-il être poursuivi en vertu de l'article 1384? — La négative est admise. Le receveur en tant qu'il est chargé des deniers appartenant à l'aliéné est investi de cette fonction par la loi elle-même et doit être considéré comme le mandataire de l'aliéné et non comme le préposé de l'établissement, ce qui écarte toute application de l'article 1384.

Examinons, maintenant, le cas où l'administration est judiciaire.

L'administrateur nommé par le tribunal est responsable de tous les actes de gestion qu'il a faits et des sommes qu'il a perçues pour l'aliéné.

Comme garantie de cette responsabilité, les parties intéressées ou le procureur de la République peuvent demander que le jugement qui nomme l'administrateur constitue, en même temps, sur ses biens une hypothèque générale ou spéciale jusqu'à concurrence d'une certaine somme. — Le projet de loi portait qu'une hypothèque légale grèverait les biens de l'administrateur.

La création d'une nouvelle hypothèque légale, surtout dans de telles conditions, c'est-à-dire résultant d'une nomination faite sans publicité, avait de sérieux inconvénients pour les tiers. Il fallait, cependant, protéger les intérêts de l'aliéné et l'on s'arrêta au système adopté, qui établit une hypothèque d'un nouveau genre; hypothèque qui peut être générale mais qui est limitée à une certaine somme et soumise à inscription.

Cette hypothèque peut-elle être constituée postérieurement au jugement nommant l'administrateur provisoire? — Le doute provient de l'article 34, qui porte les mots « en même temps ». On reconnaît qu'elle peut toujours être prise postérieurement, du moment que la situation de fortune de l'administrateur a changé, que sa solvabilité inspire des doutes. En dehors de ce cas, on admet, en général, qu'on ne peut plus demander la constitution de l'hypothèque. Suivant MM. Aubry et Rau, le texte même portant les mots « en même temps », indique clairement la volonté du législateur qui a voulu que la situation de l'administrateur fut fixe et ne put être remise en question après sa nomination, ce qui pourrait lui nuire. MM. Durieu et Roche arrivent à la même solution, mais par un autre raisonnement. Pour eux, du moment que l'hypothèque n'a pas été constituée au début, il y a chose jugée, touchant la solvabilité de l'administrateur qui ne peut être remise en question. Or, comme ils admettent qu'une hypothèque peut être constituée si la situation de fortune de l'administrateur change, il y a contradiction dans leur raisonnement. Du reste, il n'y a pas chose jugée puisque la nomination a lieu en chambre du conseil et que le tribunal fait là un acte de juridiction gracieuse. Quant à l'article lui-même, nous ne croyons pas, avec MM. Aubry et Rau, qu'il interdise de constituer une hypothèque postérieurement à la nomination de l'administrateur et force le tribunal à l'établir de suite ; il ne fait que lui en laisser la possibilité.

Nous venons d'examiner en détail les fonctions de l'administrateur provisoire. Ainsi que nous l'avions dit au début, ses pouvoirs sont très restreints et se bornent à prendre des mesures conservatoires.

Parmi les actes qu'il ne peut faire, il faut distinguer ceux auxquels la loi a pourvu, et ceux pour lesquels elle n'a rien décidé. Nous pouvons dire que ces derniers sont la presque totalité, puisqu'elle ne s'occupe que des actions en justice intéressant les aliénés.

Nous avons vu, en nous occupant de la capacité de l'aliéné, qu'il ne peut intenter lui-même une action en justice. D'après l'article 33, il doit être représenté dans toute action qui l'intéresse par un mandataire spécial. Cette disposition est générale et s'applique à toute action mobilière ou immobilière où il est partie. Dans un cas spécial, lorsqu'il s'agit de faire prononcer l'interdiction de l'aliéné interné, on s'est demandé si l'assistance d'un mandataire *ad litem* était utile. La jurisprudence est contradictoire. Un arrêt de la Cour de Nancy du 4 juillet 1860 se prononce pour la négative (S. 60. 3. 108). D'après lui, la loi de 1838 établit un état intermédiaire entre la pleine capacité et la situation de l'interdit et n'a pas modifié les dispositions du Code sur l'interdiction et la procédure à suivre pour l'obtenir ; dans ces conditions, cette dernière doit être suivie ; or, elle décide que l'action doit être intentée personnellement contre l'individu considéré comme fou, et qu'il doit être interrogé, ce qui est exclusif de l'assistance d'un mandataire *ad litem*.

Un jugement du tribunal de la Seine du 15 juin 1874 (*Journal des avoués*, 1874, p. 411) s'est prononcé au contraire pour l'affirmative, et c'est à cette opinion que nous nous rallions. Le texte de l'article 33 est formel et ne fait aucune exception, il décide qu'un mandataire *ad litem* sera nommé à tout aliéné séquestré engagé dans une contestation judiciaire. — Sa présence nous paraît du reste absolument nécessaire. Si le Code, dans la procédure de l'interdiction, considère la présence de la personne qu'on veut interdire comme obligatoire, c'est afin que la défense puisse être sérieuse et que l'interdiction ne soit pas prononcée à la légère. Or, l'absence du mandataire *ad litem* rendrait la défense illusoire et équivaudrait à un véritable jugement par défaut. On irait contre l'intention des rédacteurs du Code. Là, plus qu'autre part, la présence d'un mandataire spécial doit être exigée.

Le mandataire *ad litem* est nommé par le tribunal civil qui peut choisir l'administrateur provisoire à cet effet. Cette nomination n'est pas, dans tous les cas obligatoire pour le tribunal. Il faut distinguer suivant qu'il y a lieu de défendre ou d'intenter une action. Dans le premier cas, la nomination est obligatoire pour le tribunal. Elle doit être demandée par le procureur de la République ou l'administrateur provisoire. S'ils gardaient le silence, il appartiendrait à la partie adverse de se pourvoir pour y suppléer (Cour de Paris, 23 mai 1873. S. 73. 2. 248). Le manque de mandataire entraînerait, en effet, la nullité de toute la procédure suivie contre l'aliéné. (S, 73, 2, 248).

Dans le cas ou il s'agit d'intenter une action au nom de l'aliéné, le tribunal ne peut procéder à cette nomination qu'au cas d'urgence ; mais il est souverain appréciateur de l'urgence.

Le mandat conféré par le tribunal est spécial à l'affaire pour laquelle il a été donné. C'est ce qu'on déduit de l'examen de l'article 33 qui parle de mandataire *spécial* à l'effet d'intenter une action mobilière ou immobilière. — Cette manière de voir est consacrée par la Cour de cassation (arrêt du 9 mai 1893. S. 94. 1. 475). Dans cet arrêt, la Cour décide qu'un mandataire désigné pour intenter une action en partage et liquidation de succession n'est pas habilité à se porter partie civile dans un procès pour délit de soustraction de valeurs héréditaires. Il y a cependant relation entre les deux actions et l'on peut dire qu'en se portant partie civile, le mandataire a toujours en vue le partage et la liquidation de la succession. La Cour considère même que le vice n'est pas couvert quoique le mandat soit donné avant le jugement, si les débats sont clos et que le défendeur n'ait pas eu connaissance de la nomination.

Le mandat *ad litem* étant spécial, s'en suit-il qu'une nouvelle autorisation soit nécessaire pour chaque degré de juridiction ?

La Cour de Paris, dans un arrêt du 15 décembre 1894 a décidé la négative. — L'article 33 ordonne la nomination d'un mandataire *ad litem* pour tout aliéné engagé dans *une* contestation judiciaire sans spécifier qu'il y ait lieu à nouvelle autorisation pour chaque nouveau degré de juridiction. Il s'ensuit donc que la personne commise peut faire tout ce qui rentre dans l'exercice de son mandat et notamment interjeter appel.

Cette jurisprudence nous semble erronée. Il y a lieu de distinguer le cas où une action est intentée contre un aliéné de celui où ce dernier veut en intenter une. — Dans la première hypothèse, la nomination du mandataire *ad litem* étant obligatoire pour le tribunal, il est certain qu'une nouvelle autorisation n'est pas nécessaire en appel. — Mais, dans la seconde hypothèse, la situation est tout autre. Le tribunal, examinant la contestation et pesant les chances de succès, est juge d'autoriser ou non l'action en nommant ou refusant de nommer un mandataire; dans ces conditions, il doit être appelé à voir s'il y a lieu d'interjeter appel; un nouvel examen de l'affaire pouvant le convaincre de l'inutilité de prolonger le procès.

Nous avons vu, en parlant des fonctions de l'administrateur provisoire, qu'il ne pouvait accepter même, sous bénéfice d'inventaire, une succession échue à l'aliéné. La jurisprudence s'est efforcée de remédier à l'état de choses qui en résultait et qui nécessitait l'interdiction de l'aliéné.

A cet effet, elle a reconnu, au mandataire spécial nommé pour intenter une action en partage, le droit d'accepter la succession sous bénéfice d'inventaire (Arrêts, C. de Paris, 11 août 1891, 26 janvier 1892). — Le mandataire, dit la jurisprudence, ayant été nommé pour intenter une action en partage, doit pouvoir faire tous les actes nécessaires pour arriver à la liquidation et au partage ; or, le premier acte à faire est de commencer par accepter la succession.

Cette jurisprudence ne se comprend pas très bien. On refuse à l'administrateur, chargé de la surveillance et de la gestion du patrimoine de l'aliéné, le droit d'accepter la succession même avec l'autorisation du tribunal, et l'on accorde ce droit à un mandataire nommé uniquement pour intenter ou suivre une action en partage.

Le mobile pratique qui a déterminé la jurisprudence est bien évident; mais, du moment qu'elle voulait faire une législation prétorienne, il était plus logique de reconnaître ce droit à l'administrateur provisoire.

La même jurisprudence, dictée par les mêmes motifs, a reconnu au mandataire chargé de poursuivre la liquidation de la communauté, le droit d'accepter au nom de la femme cette communauté. Elle prétend, du reste, qu'il n'y a aucun inconvénient pour la femme à ce que le mandataire puisse accepter la communauté puisqu'elle n'est tenue que jusqu'au bénéfice de son émolument. Cela est vrai, en règle générale, mais il y a des cas où la femme a avantage à renoncer à la communauté. D'abord, si elle a stipulé le droit de reprendre son apport franc et quitte en cas de renonciation (article 1514), l'acceptation même avec le bénéfice d'émolument peut lui causer un grave préjudice. En second lieu, l'acceptation compromet l'hypothèque de la femme sur les conquêts aliénés ou hypothèqués par le mari durant la communauté. Nous croyons qu'accepter, dans ces cas, la communauté au nom de la femme, c'est faire un acte de disposition qui peut lui porter préjudice.

Le mandat *ad litem* finit bien entendu par l'achèvement du procès pour lequel il a été donné. Ainsi que la gestion de l'administrateur provisoire et dans les mêmes conditions, il finit par la sortie de l'aliéné de l'établissement où il était sequestré et par son interdiction.

L'aliéné interné dans un établissement, peut être assisté, en outre, de l'administrateur provisoire et du mandataire *ad litem*, d'un curateur chargé de veiller sur sa personne.

Cette nomination a lieu sur la demande de l'aliéné lui-même, sur celle de ses parents, de son conjoint ou d'office sur la demande du procureur de la République (art. 38). — Elle est faite par jugement en Chambre du Conseil, non susceptible d'appel. On n'a pas voulu, qu'en appel, le choix du tribunal put être critiqué. Cette nomination n'est pas obligatoire pour le tribunal qui est entièrement libre ainsi qu'il résulte de l'article 38.

Le tribunal ne peut choisir les personnes devant remplir les fonctions de curateur, parmi les héritiers présomptifs de l'aliéné. Primitivement, la Chambre des députés avait autorisé la nomination des ascendants, la Chambre des paires, celle des descendants ; en seconde lecture, tous les héritiers présomptifs furent écartés. — Cette mesure se justifie facilement. Il y a incompatibilité naturelle entre la fonction de curateur et la qualité d'héritier présomptif. Tandis que le premier doit s'efforcer d'obtenir la guérison, l'amélioration de l'état de l'aliéné, le second a un intérêt évidemment opposé.

L'administrateur provisoire doit être écarté aussi des fonctions de curateur. Cela résulte d'abord, du texte même de l'article 38, qui contient les mots : « en outre, de l'administrateur » ; en second lieu, de la raison même de cette charge, qui ayant pour but de veiller à ce que les revenus de l'aliéné soient employés à son soulagement, implique par conséquent une sorte de contrôle sur la gestion de l'administrateur.

Il n'y aurait au contraire aucun inconvénient à ce que le mandataire *ad litem* fut en même temps curateur.

Les dispositions du Code civil sur les causes qui dispensent de la tutelle, sur les incapacités, les exclusions et les destitutions de tuteur sont-elles applicables au curateur ? — Il y a divergence à ce sujet dans la doctrine. M. Demolombe soutient l'affirmative. Pour lui, cette fonction a un caractère de permanence semblable dans son but et son caractère à l'administration provisoire, et l'article 34 doit être étendu par analogie.

Nous croyons avec MM. Aubry et Rau, qu'il y a là une erreur. Aucune similitude ne peut exister entre l'administrateur et le curateur. Le premier est chargé de la gestion des biens, le second a pour fonction de veiller sur la personne de l'aliéné. Du reste, la question s'est posée lors de la discussion de la loi et la preuve qu'elle a été résolue négativement, c'est que l'article 38, qui s'occupe des incapacités, ne parle que des héritiers présomptifs.

Nous connaissons, par tout ce que nous venons de dire, les fonctions du curateur. Il a pour but : 1° de veiller à ce que les revenus des biens de l'aliéné soient employés à sa guérison ou à l'amélioration de sa situation ; 2° de veiller à ce qu'il soit rendu à la liberté aussitôt sa guérison survenue.

La curatelle est une charge publique dont on est investi pour un temps indéterminé. Elle finit, comme l'administration provisoire, par la sortie de l'aliéné ou par son interdiction. Il pourrait y avoir lieu à révocation de la part du tribunal.

Des critiques formulées contre l'administration provisoire
et des réformes proposées.

Nous avons vu sous l'empire de quelles préoccupations et dans quel esprit cette partie de la loi de 1838 a été rédigée : mettre à couvert la fortune des individus dont l'état mental nécessitant l'internement, ne peut attendre un jugement d'interdiction ; cet état pouvant du reste n'être pas définitif, mais seulement passager. Si l'usage a montré que ces dispositions demandaient à être corrigées et complétées, elles n'en ont pas moins pendant plus de 50 ans rempli le but que le législateur s'était proposé.

La plupart des critiques que l'on peut faire à cette partie de la loi de 1838 ont une cause première identique ; la durée prolongée de l'internement. — Ces dispositions suffisantes, lorsque la séquestration n'est que temporaire, et faite pour ce cas là, deviennent incomplètes et insuffisantes lorsqu'elle se prolonge, ce qui arrive souvent.

En théorie, et d'après la loi, l'individu interné n'est frappé d'aucune incapacité, les actes qu'il fait étant seulement annulables, s'il prouve la démence au moment de leur passation. Mais en pratique, il n'en est pas ainsi ; l'internement établit en réalité une présomption de fait de la folie de l'individu, de sorte que le tribunal est peu sévère sur la preuve que le demandeur en nullité doit fournir et dans ces conditions, les tiers hésitent naturellement à traiter avec lui. — L'individu séquestré est en outre privé de l'exercice de ses droits civiques, des droits qu'il tient de la puissance paternelle et maritale.

En somme, l'aliéné renfermé dans un établissement public ou privé est frappé d'une véritable incapacité de fait, qu'il n'ait pas ou qu'il ait des intervalles lucides.

Cette incapacité n'aurait pas d'inconvénients si la gestion de ses biens était bien organisée ; malheureusement, malgré sa complicité, cette administration laisse à désirer.

Cette complexité est, du reste, fâcheuse. Les tiers peu au courant du droit, voyant un administrateur provisoire, un mandataire *ad litem* et un curateur, ne connaissant pas leurs attributions respectives, hésitent et s'abstiennent de traiter avec eux. — Les pouvoirs de ces derniers sont tellement restreints qu'ils ne peuvent faire que des actes conservatoires et de pure administration. Dès qu'il s'agit de faire un acte ordinaire d'administration, vendre, hypothéquer, prendre partie dans une succession, ils se trouvent arrêtés. On est obligé de recourir à l'interdiction, et, comme dans certains cas, elle ne peut être prononcée, la gestion de la fortune de l'aliéné se trouve entravée à moins qu'on ne profite d'un intervalle lucide pour le faire sortir et lui faire passer l'acte en question.

La surveillance de la gestion de l'administrateur est défectueuse ; aucune reddition de comptes n'est organisée. Au cas où l'administration est légale aucun contrôle n'existe. Toute latitude est laissée par la Commission au membre chargé de la gestion des biens et comme l'administration dure souvent très longtemps cette dernière ne rend jamais de compte.

Le contrôle est aussi très défectueux lorsqu'un administrateur judiciaire a été nommé. Ainsi, même au cas où son administration se termine par la nomination d'un autre administrateur, ou a contesté, vu le caractère provisoire de la gestion, la reddition de compte. Nous avons démontré cependant qu'elle était possible aux termes de l'article 36 de la loi de 1838, mais l'habitude s'est établie dans les tribunaux de confirmer purement et simplement les pouvoirs de l'administrateur au bout des trois ans, et on le dispense de se rendre compte quoique la reddition put être ordonnée. Se perpétuant ainsi dans la gestion de cette fortune, il finit par la regarder comme en sa chose personnelle et par en abuser.

Un seul individu pourrait surveiller dans une certaine mesure l'administrateur provisoire, c'est le curateur. Malheureusement, il doit être nommé par le tribunal sur la demande de l'époux des parents ou du ministère public. Or, dans le cas où cette nomination serait nécessaire, ce ne sont ni les parents ni l'époux qui la demanderont puisqu'elle a pour objet de remédier à leur négligence. Quant aux amis, il s'en rencontre rarement pour prendre une telle initiative ; d'un autre côté, le ministère public ignore ordinairement les faits dont il s'agit et il faudrait qu'ils soient d'une gravité exceptionnelle pour qu'il en fut averti par la notoriété publique.

Pour que toutes ces critiques s'appliquent, il faut

qu'il y ait une administration provisoire, or, bien souvent, cette administration n'existe pas.

Si l'aliéné est interné dans un établissement public, la loi organise une administration légale. Telle est la théorie ; mais en pratique elle manque souvent, les membres des commissions de surveillance refusant la charge d'administrateur provisoire qui est onéreuse et sans aucun profit pour eux. — Quant aux aliénés internés dans un établissement privé, aucune administration légale existant, leurs biens sont abandonnés à la gestion de leurs proches tant qu'un administrateur judiciaire n'a pas été nommé. Ainsi qu'il y a lieu pour le curateur, c'est lorsque cette nomination est nécessaire qu'elle n'a pas lieu, les parents qui doivent la demander ayant un intérêt contraire. Quant au ministère public, il ignore le plus souvent la situation.

Ces critiques formulées contre l'administration des biens des aliénés, donnèrent lieu à de nombreux projets de réforme. Nous allons sommairement énumérer les dispositions votées par le sénat et celles auxquelles la Commission de la Chambre des députés s'était finalement arrêtée dans la dernière législature.

Dans le projet voté par le Sénat, tout aliéné interné dans un établissement public ou privé a un curateur. Ce curateur, le même pour tous les aliénés de la circonscription est nommé par le ministre de l'Intérieur sur une liste dressée par le tribunal civil. Il exerce les fonctions d'administrateur provisoire pour tous les aliénés, sans distinguer s'ils sont séquestrés dans un asile public ou privé, tant qu'un administrateur datif ou judiciaire n'a pas été nommé. Outre les actes qu'il peut faire d'après la législation actuelle, cet administrateur légal

peut passer des baux de 9 ans avec l'autorisation de la
Commission de surveillance existant de chaque département, vendre des immeubles après homologation du
tribunal ; accepter ou refuser une succession échue à
l'aliéné avec autorisation du Conseil de famille. Le projet statue sur l'emploi des sommes recouvrées, emploi
réglé par la Commission de surveillance ou le président
du tribunal. L'administrateur représente l'aliéné interné en justice. Pour que son administration puisse
être contrôlée, l'administrateur doit remettre chaque
année au procureur de la République un état de la situation financière de l'aliéné. A la fin de sa gestion,
il rend des comptes à l'administrateur datif ou judiciaire.
Pour la femme aliénée, il n'y a pas lieu à administration légale, le mari étant de droit administrateur
provisoire. Si le mari est interné, la femme peut
être autorisée par le juge des référés à faire les actes
d'administration qu'il déterminera. Au cas où l'aliéné
était intéressé dans une exploitation commerciale,
industrielle ou agricole, le juge des référés peut conserver à l'associé la direction des affaires sociales.

On peut toujours provoquer la nomination d'un
administrateur judiciaire dans les conditions de la loi
de 1838, mais il peut être remplacé dans certains cas
par un administrateur datif, nommé par le Conseil de
famille.

L'administrateur datif ou judiciaire a des pouvoirs
très étendus quant aux biens. — Ce sont les mêmes
que ceux du tuteur du mineur et de l'interdit. Ils
sont régis par les mêmes règles et soumis aux mêmes
obligations, à l'exception de l'hypothèque légale. Une
hypothèque peut cependant être constituée sur ses

biens, par le jugement de nomination s'il s'agit d'un administrateur judiciaire, par délibération du Conseil de famille homologué par le tribunal, s'il s'agit d'un administrateur datif. La personne chargée de la gestion des biens de l'aliéné que ce soit le mari, l'administrateur judiciaire ou datif, doit remettre au curateur, un mois après son entrée en fonctions, un état de la fortune et ultérieurement en fournir un tous les ans. Le curateur chargé de veiller sur l'administration, peut toujours provoquer la réunion du Conseil de famille pour le saisir de propositions tendant à la bonne gestion des biens de l'aliéné. Il peut faire appel devant le tribunal, de toute décision prise par l'administrateur et approuvée par le Conseil de famille qui lui paraîtrait nuisible aux intérêts de l'aliéné.

Cette nouvelle organisation permettant de faire tous les actes d'administration exigés par la gestion d'une fortune, il était plus simple de déclarer nuls de droit, les actes passés par l'aliéné interné. Comme nous l'avons indiqué, la règle établie dans l'article 39, de la loi de 1838, ne concorde plus avec la réalité des faits, l'expérience ayant démontré que l'incapacité de l'aliéné était le fait général et sa capacité une rare exception. C'est ce qu'a décidé le projet voté par le Sénat, malgré certains jurisconsultes qui ont protesté au nom des principes et considéraient que le placement approuvé par la Chambre du Conseil n'était pas l'équivalent des garanties dont le Code civil a entouré l'interdiction. L'action en nullité est régie par l'article 1304 du Code civil, mais les dix ans ne courent qu'à partir de la connaissance que l'aliéné sorti de l'asile ou ses héritiers ont de l'acte passé. — Une exception est faite au principe que, tous les actes passés par l'aliéné sont nuls de droit, pour les actes touchant à l'exercice des droits attachés à la personne. Ces actes, que le tuteur ne peut passer, pourront être déclarés valables, si le tribunal estime qu'ils ont été faits pendant un intervalle lucide.

La commission de la Chambre des députés dans son texte définitif a adopté les dispositions votées par le Sénat, sauf sur les quelques points suivants. La différence la plus importante réside dans la séparation des fonctions de curateur et d'administrateur provisoire légal. Ce dernier, chargé de la gestion des biens des aliénés internés dans les établissements publics ou privés, est choisi par la Commission de surveillance, existant dans chaque département, parmi ses membres. Ce n'est qu'au cas où cette dernière s'abstiendrait de faire cette nomination, qu'il serait désigné par le ministre sur une liste dressée par le tribunal civil. — La nomination du curateur a lieu de la même manière.

Le projet ne distinguant plus entre les actes relatifs aux biens et ceux se rapportant à l'exercice des droits attachés à la personne les déclare tous nuls de droit. Mais si l'aliéné a fait un acte pendant une sortie provisoire ou une évasion, l'acte pourra être déclaré valable si le tribunal estime qu'il a été passé dans un moment lucide.

SECTION II

De la condition civile des aliénés ni interdits ni internés.

Toute personne majeure ni internée ni interdite est réputée *integri status* ; par personne non internée, il faut entendre toute personne qui n'est pas placée dans un établissement régi par la loi de 1838, par exemple celle qui serait internée dans une maison de santé particulière. Mais pour que les obligations qu'elle contracte soient valables, il faut la capacité intellectuelle suffisante pour consentir. Les actes qu'elle a faits seront annulés si on démontre son insanité d'esprit. Jusquelà ils produisent leur plein effet ; ce qui les différencie des actes faits par l'interdit après son interdiction, actes que le tribunal est obligé de déclarer nuls, même s'ils ont été passés dans un moment lucide.

Proudhon se séparant de tous les jurisconsultes, prétendait, en se basant sur l'article 503 Code civil, que les actes d'un aliéné ne peuvent être attaqués que si l'interdiction a été prononcée. D'après cet article, les actes antérieurs à l'interdiction peuvent être annulés si la cause de l'interdiction existait notoirement à l'époque où ces actes ont été faits, ils ne peuvent l'être si l'interdiction n'a pas été prononcée. Il y a là une interprétation erronée qui aurait pour résultat de laisser l'aliéné désarmé, tandis qu'en réalité cet article fait une exception au droit commun en sa faveur. Il décide qu'au cas d'interdiction, les actes faits antérieurement pourront être annulés si la cause de l'interdiction existait notoirement, tandis que régulièrement il faudrait démontrer la démence au moment de la passation de l'acte.

Ce dernier point, l'obligation de démontrer la démence au moment de la passation de l'acte, n'est pas admis par tout le monde et certains jurisconsultes considèrent que le droit commun exige simplement la démonstration de l'état notoire de démence, soit avant, soit après l'acte. L'article 503 n'a pas, suivant eux, le caractère exceptionnel qu'on veut lui attribuer. Si le juge annule l'acte après qu'on lui a prouvé l'état notoire de démence avant l'interdiction, c'est qu'il croit qu'au moment où il a été passé, l'individu n'avait pas sa raison. Il me semble qu'il y a là un emploi véritablement abusif de l'article 503, qui a un caractère strictement exceptionnel. Du reste, cet article ne se comprend qu'au cas où il y a une interdiction qui rend plausible l'insanité antérieure de l'interdit.

La jurisprudence conclut cependant en ce sens, Cour de cassation, 26 février 1838. — 26 juillet 1842. D. 42. 1. 384.

Il faut distinguer le défaut de consentement, du simple vice de consentement. Dans le premier cas, un des éléments essentiels du contrat manquant, ce dernier n'a pu se former et est inexistant, tandis que dans le second, le consentement, quoique entaché d'un vice, n'en existe pas moins et suffit pour former le contrat.

Tout le monde admet, par exemple, que le consentement donné pour rire ou donné par un enfant, n'est pas un consentement et que le contrat est inexistant. Mais il est des cas où il est délicat de savoir s'il y a défaut ou vice de consentement, et c'est ce qui arrive dans l'espèce qui nous occupe. Dans un contrat formé par un dément, le consentement est-il inexistant ou simplement vicié?

Il semble que l'aliéné, n'ayant pas sa raison, il ne peut y avoir consentement, c'est-à-dire accord entre les parties, ce qui a pour conséquence de rendre le contrat inexistant. Cette opinion s'accorde, du reste, très bien avec les articles 503 et 504 du Code civil, ainsi que le démontre M. Glasson. Ces articles ont créé, au cas d'interdiction, une véritable action en nullité au profit de l'aliéné ou de ses héritiers, action ne pouvant être intentée que dans un délai de dix ans. Une seule condition est nécessaire pour faire prononcer la nullité de l'acte, établir l'existence de l'interdiction au moment où il a été passé. Cette action en nullité une fois périmée, le droit commun reprend sa force et l'on pourra toujours demander au tribunal qu'il constate l'inexistence de l'acte en démontrant le défaut de consentement à l'époque où il a été fait.

Certains jurisconsultes parmi lesquels MM. Aubry et Rau soutiennent cependant que la démence n'est qu'un vice du consentement le laissant subsister et rendant l'acte simplement annulable. Se basant sur certaines théories de l'Ancien droit qui se trouvent dans Pothier et Domat, ils considèrent que le Code civil dans ses articles 503 et 504, et la loi de 1838 dans son article 39 ont établi une théorie artificielle des conséquences de la démence faisant exception aux principes généraux sur les conditions nécessaires pour la formation des contrats. D'après eux, cette théorie est générale et doit s'appliquer dans tous les cas où un acte est attaqué pour démence, même s'il n'y a pas internement ou interdiction.

La jurisprudence se conformant aux principes du droit, n'a pas admis cette manière de voir et considère l'acte comme inexistant (Cour de Toulouse, 21 janvier 1885. D. 86. 2. 73).

Des conséquences très importantes découlent de la nullité absolue de l'acte. Etant inexistant, il ne peut être confirmé ou ratifié expressément ou tacitement par exemple par la prescription ; on ne confirme pas le néant. Il peut donc être attaqué à toute époque et par tout intéressé qui peut demander au tribunal de constater et proclamer son inexistence.

Tout ce que nous venons de dire jusqu'à présent, ne s'applique qu'aux actes de l'aliéné attaqués de son vivant. — L'article 504 du Code civil établit des règles spéciales pour le cas où ils sont attaqués après sa mort. L'acte ne peut être contesté devant le tribunal si la démence ne résulte pas de son contenu, à moins que l'interdiction ait été prononcée ou provoquée avant le décès. Cet article innove, en dérogeant au droit commun. Dans l'Ancien droit, on pouvait attaquer les actes d'une personne décédée *integri status*, même lorsque l'acte ne contenait pas la preuve de la démence ; le tribunal pouvait autoriser à faire cette preuve au cas de motifs graves. (Pothier : *obligations*, n° 51. — Ricard, *Droit commun de la France*, livre I, titre 6. chap. 4, sect. 2). Ainsi un arrêt de la Cour de Paris du 24 juin 1808, autorise à contester dans ces conditions, un acte fait avant la promulgation du Code civil.

L'article 504 a été inspiré surtout par la difficulté de prouver l'aliénation d'une personne décédée. Ce qui le démontre, c'est qu'il se relâche de sa rigueur lorsque l'interdiction ayant été prononcée ou provoquée la démence de l'individu décédé semble probable.

L'article 504 est formel et il faut, pour que l'acte puisse être attaqué, que la preuve complète et intégrale de la folie résulte de son contenu. Il ne pourrait servir simplement de commencement de preuve. Il faut du reste se rappeler que les magistrats ont toujours la faculté de considérer l'acte comme prouvant l'aliénation mental.

Comme nous l'avons déjà dit, exceptionnellement au cas où l'interdiction de la personne décédée a été provoquée ou prononcée, l'acte peut-être attaqué sans qu'il porte en lui-même la preuve de la démence. Que faut-il entendre par interdiction provoquée ? — Suffit-il pour cela que la requête soit présentée au président du tribunal ou faut-il que la procédure soit contradictoire avec la personne dont on demande l'interdiction ? On peut craindre en effet que la présentation de la requête ait pour unique but de tourner la loi ; l'intention de demander l'interdiction n'étant pas sérieuse, soit qu'on abandonne la procédure, soit qu'on présente la requête à la veille de la mort de l'aliéné. Mais comme d'un autre côté exiger que la procédure soit contradictoire pourrait, dans certains cas, aboutir à une injustice ; il vaut mieux décider que la présentation de la requête est suffisante pour que l'interdiction soit considérée comme ayant été provoquée. Du reste, le juge pourra toujours déclarer que la requête est périmée si elle n'a été suivie d'aucun acte de procédure, ou que la demande n'était pas sérieuse si elle a été formulée au moment où l'on s'attendait à la mort de l'aliéné.

Tous les jurisconsultes reconnaissent qu'interdiction prononcée veut dire interdiction existant au moment de la mort de l'individu dont on attaque l'acte et
non interdiction dont la mainlevée a été prononcée.
Cela résulte du rapprochement des mots provoqué et
prononcé et surtout de l'esprit même de la disposition qui a eu pour but de prévenir les allégations témé-
raires. Or, la mainlevée de l'interdiction au lieu de
rendre probable la démence de l'individu établirait
plutôt une présomption en faveur de son intégrité intellectuelle, puisque le tribunal a jugé bon de lui resti-
tuer toute sa capacité.

Cependant, on a prétendu en faveur de l'autre opinion, ainsi que le fait remarquer M. Demolombe, que
l'article 504 disant : les « actes ne pourront être attaqués pour cause de démence qu'autant... » cela semble
bien indiquer que l'interdiction a cessé, sinon le législateur au lieu de « pour cause de démence » aurait mis
pour « cause d'interdiction, » puisque tous les actes faits
par l'interdit sont nuls de droit sans qu'il soit besoin
de prouver la démence.

On peut répondre à cet argument que les mots « pour
cause de démence » n'ont pas cette signification et que
si le législateur s'en est servi, c'est qu'il dit ensuite
que l'acte peut être attaqué, si l'interdiction a été seulement provoquée ; or, dans ce cas, il faut prouver la
démence puisque l'interdiction n'a pas été prononcée.

L'article 504, que nous venons d'expliquer ne s'applique qu'aux actes à titre onéreux ; les actes à titre
gratuit étant régis par l'article 901 du Code civil.

Cet article, décidant que pour faire une donation
entre vifs ou un testament, il faut être sain d'esprit

semble inutile au premier abord, et ne confirmer que le droit commun. Pour l'éclairer, il faut lire la disposition suivante qui se trouvait dans le projet de l'article 901 et qui a disparu dans la rédaction définitive. Elle était ainsi conçue : « Ces actes ne pourront être attaqués pour cause de démence que dans les cas et de la manière prescrits par l'article 15, au titre de la majorité (aujourd'hui article 504) ». De sa disparition et des explications qui l'ont accompagné, il faut conclure que l'article 504, n'est pas applicable aux contrats à titre gratuit et que les donations et testaments peuvent être attaqués après la mort des personnes qui les ont faits, alors même que leur interdiction n'aurait été ni provoquée, ni prononcée pendant la vie et que la démence ne résulterait pas de l'acte lui-même.

Tous les auteurs sont unanimes à interpréter de cette manière l'article 901 ; interprétation adoptée par la jurisprudence. Cassation, 17 mai 1813. S. 1813. 1. 393. — 26 mai 1822. S. 22. 1. 349. — 7 mars 1864. S. 641. 163.

Cette différence, entre les actes à titres onéreux et les actes à titre gratuit, peut se justifier par plusieurs raisons. Au cas d'acte à titre onéreux, les parties luttant pour éviter une perte, *de damno vitando*, il semble juste que la loi ne permette de les attaquer qu'autant qu'il y a une présomption sérieuse en faveur de la véracité de l'allégation. Quant aux contrats à titre gratuit, n'ayant en vue qu'un gain, il est naturel que le Code se montre moins rigoureux pour en permettre l'attaque. On peut dire, encore, qu'il est juste de faciliter l'attaque des dispositions à titre gratuit, ces dernières étant dictées par la passion qui, dans les actes à titre gratuit s'égare facilement et est circonvenue souvent par l'intrigue et la cupidité.

Cette disposition de l'article 901 s'applique à toute donation, qu'elle soit faite sous une forme ostensible ou déguisée. Cour de cassation, 21 février 1887 ; S. 87. 1. 296.

Réciproquement, l'article 504 sera appliqué à tout contrat à titre onéreux, même s'il est revêtu de la forme d'une donation. Il y a certains cas où il est délicat de savoir si l'on se trouve en face d'une disposition à titre gratuit où à titre onéreux. La question s'est posée notamment pour les donations faites par contrat de mariage entre époux. N'y a-t-il pas là un véritable contrat à titre onéreux moyennant lequel les conjoints s'engagent à supporter les charges du mariage ? La Cour de cassation appelée à trancher cette question a fait une distinction entre les donations de biens présents et celles de biens à venir. Les premières seules produisant leur effet au moment du mariage doivent être considérées comme faites en vue d'en supporter les charges, par conséquent, doivent seules être régies par l'article 504 du Code civil. Quant aux donations de biens à venir, ne se réalisant qu'à la dissolution du mariage, elles sont de véritables libéralités qui doivent être soumises à l'article 901, Code civil. — Cassation 23 décembre 1856. S. 57. 1. 244.

On doit de même considérer comme contrat à titre onéreux, la donation de tous nos biens faite sous la condition de pourvoir à tous nos besoins pendant notre vie. Cour de Bourges, 16 avril 1832.

La preuve de l'insanité d'esprit du disposant, doit être faite par la personne qui allègue cette insanité. En effet, *incumbit probatio ei qui dicit, non ei qui negat*; en outre, on invoque la folie et le disposant doit être présumé sain d'esprit, tant qu'on n'aura aucune preuve de son aliénation mentale.

Il nous semble que le demandeur en nullité devrait prouver, en vertu des principes généraux, l'aliénation au moment même où l'acte a été fait. La jurisprudence et les auteurs (Demolombe, tome XVIII. Cassation, 5 août 1856. S. 58. 1. 152), reconnaissent qu'il suffit de prouver l'état habituel de démence, au moment de la confection du testament ou de la donation. Ils motivent cette opinion sur la difficulté qu'il y aurait à prouver la démence au moment même et sur l'inapplication de l'article 504. La difficulté de la preuve n'est pas une raison pour ne pas l'exiger; quant à l'article 504, nous ne voyons pas comment, son défaut d'application permet de ne pas prouver la démence au moment de l'acte.

La jurisprudence reconnaît, en tout cas, que le défendeur pourra prouver l'intervalle lucide au moment où la libéralité a été faite. Cassation, 26 mars 1822. S. 22. 1. 349. Il y a là une simple question de fait qui pourra être prouvée par témoins puisque l'article 504 est inapplicable et puisqu'il ne s'agit pas d'un fait juridique.

Les actes positifs faits par un aliéné peuvent seuls être attaqués pour cause de démence. La jurisprudence décide qu'un aliéné non interdit ne peut demander la suspension de la prescription pendant le temps de sa démence (Cassation, 31 décembre 1866. D. 67. 1. 350), alors que dans certains autres cas elle admet l'application de la maxime : *contra non valentem non currit pres-*

criptio ; notamment dans le cas où celui à qui la prescription est opposée avait une juste cause d'ignorer son droit. Elle base sa distinction sur le raisonnement suivant : Le Code civil, dans son article 2251, détermine limitativement les causes de suspension de la prescription en temps qu'elles sont fondées sur des considérations relatives à la personne de celui contre qui la prescription court, mais elle ne détermine pas limitativement les autres causes, celles qui sont étrangères à la personne. Il en résulte qu'on ne peut, sans violer la loi, admettre la suspension résultant de l'aliénation mentale, mais qu'on peut, au contraire, admettre la suspension résultant d'une juste cause qu'avait l'individu d'ignorer son droit.

Sans discuter ici la valeur de cette interprétation nous ferons simplement remarquer que l'ignorance du droit aussi bien que la démence est une cause de suspension qui se rapporte à la personne.

On sait qu'il existe certains droits ayant un caractère semi public et privé, comme le droit d'être tuteur et membre d'un conseil de famille, le droit de puissance maritale et paternelle. — Nous estimons que la situation des aliénés non internés est la même, quant à ces droits, que celle des aliénés internés que nous avons exposée. Il en est de même pour l'exercice et la jouissance des droits politiques.

CHAPITRE IV

ORGANISATION ADMINISTRATIVE DU SERVICE DES ALIÉNÉS

Si la société a des droits vis-à-vis les aliénés elle a aussi des devoirs envers eux. Se reconnaissant à juste titre, nous l'avons montré le droit de les séquestrer, il est de son devoir de les secourir, de s'efforcer de la guérir ou tout au moins d'améliorer leur état. Pour beaucoup, du reste, le travail étant la seule ressource l'internement est une cause de misère. Malheureusement, la société n'a eu conscience de ses devoirs que depuis peu, à peine depuis un siècle. Jusque-là les aliénés mis dans l'impossibilité de nuire, elle ne s'en occupait plus, ne considérant pas l'aliénation mentale comme une maladie.

Si l'assistance doit être en principe une œuvre d'initiative privée, pour les aliénés, la constitution d'un service public d'assistance s'impose. L'importance en est trop grande au point de vue social pour que l'autorité publique s'en désintéresse.

A la charge de qui l'assistance des aliénés doit-elle incomber ? A la charge de l'Etat, du département ou de la commune ?

D'après les principes suivis habituellement l'assistance devrait être communale. La commune peut être considérée comme la famille agrandie ; plus proche de l'individu, elle est mieux à même de le connaître ; en un mot, l'assistance par la commune se rapproche le plus de l'assistance privée. Relativement aux aliénés, la question a été très discutée dans les travaux préparatoires de la loi de 1838. Nous avons vu qu'auparavant aucun système fixe n'avait été adopté si ce n'est en 1837, où la loi de finances avait mis à la charge du département les dépenses de service des aliénés. Plusieurs combinaisons furent examinées. Le service serait-il à la charge de la commune seule ou celle-ci recevrait-elle une subvention de l'Etat ou du département ? Le laisser entièrement à la charge de la commune, aurait eu pour résultat d'établir une grande inégalité entre elles. Les communes ayant des aliénés auraient été très lourdement chargées, l'aliénation étant une maladie qui peut durer longtemps, tandis que les autres auraient été exemptées de toute dépense. En outre, le service étant communal n'aurait pu recevoir une bonne organisation, les asiles consacrés au traitement des aliénés devant être suffisamment importants pour pouvoir réaliser toutes les conditions nécessaires à un bon résultat. Or si les grandes villes, ayant de nombreux aliénés, avaient pu créer de vastes asiles, il n'en aurait pas été de même des communes rurales qui n'ont que quelques aliénés et encore irrégulièrement.

D'un autre côté, il ne fallait pas que les communes se désintéressent complètement de leurs malades, l'assistance rentrant dans les services essentiellement municipaux ; dans ces conditions, elles auraient eu tendance à faire passer pour aliénés nombre de vieillards ayant la tête affaiblie par suite de l'âge.

Le principe une fois admis que les communes devaient seulement concourir aux frais du service, à qui
ce dernier devait-t il incomber ? — A l'Etat ou au département. A l'époque de la discussion de la loi, l'assistance d'Etat n'avait pas les séductions qu'on semble lui
prêter aujourd'hui et il était plus naturel d'en charger
le département en continuant ce qu'avait fait la loi des
finances de 1837. C'est ce qui fut fait.

 Suivant les principes de notre droit public qui tendent
malheureusement à être abandonnés aujourd'hui, l'assistance des aliénés n'est pas obligatoire, en ce sens
que l'aliéné n'a pas un droit sanctionné par une action ;
il n'y a pour la société qu'un simple devoir moral.
On dit cependant que l'assistance est obligatoire en ce
sens que la dépense du service est imposée au département et à la commune par la loi de 1838. Depuis
1866 la dépense a cessé d'être obligatoire pour le département.

Des aliénés à la charge du département.

Quels sont les aliénés assistés? Doit-on y comprendre
les aliénés inoffensifs mais indigents, ou simplement
les aliénés dangereux qui ont été l'objet d'un placement
d'office? — Si l'on ne considère que l'article 18 de la
loi de 1838, il semble qu'il n'y a lieu d'assister que les
aliénés dangereux placés d'office ; mais il faut le combiner avec l'article 25 qui prescrit l'admission dans les
asiles des aliénés dont l'état mental ne compromettrait
par l'ordre public ou la sûreté des personnes, et cela
« dans les formes, dans les circonstances et aux con-

ditions qui seront réglées par le Conseil général sur la proposition du préfet et approuvées par le ministre. » Ce paragraphe fut justement ajouté par la Chambre des pairs au texte voté par la Chambre des députés qui laissait planer un doute sur l'assistance des aliénés pauvres non dangereux.

M. de Montalivet, dans une circulaire ministérielle du 5 août 1839, vint poser les principes d'après lesquels les conseils généraux devaient régler l'assistance des aliénés pauvres non dangereux. Cette question a, en effet, une grande importance et, si l'on ne doit pas interner aux frais du département tous les individus présumés aliénés, il faut assister tout ceux dont les familles n'ont pas les ressources suffisantes pour les faire soigner. Une trop grande préoccupation budgétaire peut avoir de graves inconvénients, non seulement pour les malades que les familles pauvres sont obligés de séquestrer dans des conditions déplorables (voir le rapport des inspecteurs généraux), mais aussi pour la société. Bien souvent, en effet, c'est parmi les aliénés dits inoffensifs et qu'on laisse errer en liberté, que se recrutent le plus grand nombres des aliénés dits criminels.

Malheureusement, les Conseils généraux ont souvent perdu de vue les conséquences d'une trop grande parcimonie dans l'assistance des aliénés, surtout depuis les lois des 18 juillet 1866 et 10 août 1871 qui ont soustrait à l'approbation du ministre les règlements relatifs à l'admission des aliénés. Les inconvénients de cette liberté ont bien été reconnus, mais le Sénat pas plus que la Commission de la Chambre n'ont osé sur ce point rétablir la nécessité de l'approbation ministérielle.

Les départements doivent assister ; 1° les aliénés recueillis sur leur territoire dont le domicile est inconnu. (C. d'Etat, 22 juillet 1848 ville de Bordeaux) 2° les aliénés qui leur appartiennent, c'est-à-dire qui ont leur domicile dans le département (art 28 de la loi de 1838). La loi ne dit pas qu'elle entend par ces mots domicile de l'aliéné ; la jurisprudence a reconnu qu'il s'agissait du domicile de secours régi par des lois spéciales et non du domicile réglé par les articles 102 et suivants du Code civil ; voir notamment un arrêt du Conseil d'Etat du 15 juillet 1852.

Ce domicile, lors du vote de la loi de 1838, était réglé par le décret du 24 vendémiaire an II. Depuis cette époque, la loi du 15 juillet 1893 sur l'assistance médicale a modifié les conditions du domicile de secours. On s'est demandé jusqu'à un arrêt récent du Conseil d'Etat, si ces modifications étaient propres à l'assistance médicale ou si elles étaient générales.

Nous allons indiquer les différences des lois de l'an II et de 1893 pour montrer l'intérêt de la question.

D'après la loi du 24 vendémiaire an II le lieu de la naissance est le lieu naturel de secours. Par lieu de naissance il ne faut pas entendre l'endroit où l'on est né effectivement, mais le domicile habituel de la mère au moment de la naissance. Jusqu'à l'âge de 21 ans, l'on conserve le domicile de naissance. A partir de cet âge, ce domicile ne se conserve qu'après une résidence de 6 mois. Un nouveau domicile peut alors être acquis par un séjour d'un an dans une commune ; l'ancien étant conservé tant que le nouveau n'a pas été acquis. Le domicile enfin est personnel.

Cette législation avait de nombreux inconvénients ;

l'ancien domicile se conservant jusqu'à l'acquisition d'un nouveau, il en résultait que les communes avaient souvent à assister des indigents qui avaient quitté leurs territoires depuis longtemps, mais qui n'avaient pas résidé suffisamment dans un autre lieu pour y acquérir un domicile de secours. — Le domicile étant personnel, il pouvait arriver que les membres d'une même famille eussent chacun un domicile particulier ; l'enfant mineur ayant un domicile de secours dans le lieu de sa naissance, la femme ayant un autre domicile différent aussi de celui de son mari.

La loi du 15 juillet 1893 remédia à ces inconvénients. Pour ne mettre à la charge des communes que les individus y résidant effectivement, elle décide que le domicile se perd par un an de non séjour continu, postérieur à la majorité ou à l'émancipation. — Elle établit l'unité du domicile de la famille en décidant que l'enfant a le domicile de secours de son père et que la femme acquiert le domicile de son mari par le mariage. L'enfant naturel reconnu par sa mère seulement, a le domicile de sa mère.

La loi établit en outre un domicile de secours départemental applicable seulement à l'assistance médicale.

Son dernier article abroge formellement la loi du 24 vendémiaire an 2 en ce qu'elle a de contraire aux nouvelles dispositions ; mais on s'était demandé si cette abrogation était générale ou ne s'appliquait qu'à l'assistance médicale. — Le Conseil d'Etat, appelé à trancher la question, s'est prononcé dans un arrêt du 11 février 1897 pour l'abrogation générale. « Considérant... que les règles nouvelles édictées par le titre II de la loi du 15 juillet 1893 pour l'acquisition et la perte du domicile de secours ont remplacé celle du titre V de loi du 24 vendémiaire an II laquelle au surplus ¡a été formellement abrogée en ce qu'elle a de contraire par l'article 36 de la loi du 15 juillet 1893. — Considérant, d'autre part que la loi du 30 juin 1838 relative aux aliénés n'édicte aucune règle spéciale en ce qui touche le domicile de secours des aliénés indigents, mais qu'elle se réfère simplement à la législation générale qui régit ce domicile ; que cette législation se trouve aujourd'hui dans la loi du 15 juillet 1893 ; qu'ainsi c'est seulement par application de cette dernière loi que les communes peuvent être tenues de contribuer aux frais de traitement de leurs aliénés indigents... »

Cette interprétation du Conseil d'Etat est du reste celle de la Commission de la Chambre des députés qui proposait de la consacrer législativement dans l'article 43 du texte arrêté.

Au cas où il y a contestation entre deux départements au sujet du domicile de secours d'un aliéné, la compétence appartient à l'autorité administrative et non au tribunal civil. En effet, si ce dernier est compétent lorsqu'il s'agit du domicile réel réglé par les articles 102 et suiv. du code civil, il ne peut en être de même lorsqu'il s'agit des conditions essentiellement administratives du domicile de secours (Conseil d'Etat, 15 juillet 1852). — On a hésité sur l'autorité administrative compétente pour connaître de la contestation, et des variations se sont produites à ce sujet dans la jurisprudence. Primitivement, un arrêt du Conseil d'Etat du 6 avril 1854. D. 54, 3,45, se basant sur l'article 28 § 3 de la loi de 1838, avait attribué compétence au conseil de préfecture. L'on a reconnu depuis que cette disposi-

tion de l'article 28 ne s'appliquait qu'aux contestations relatives à la contribution des hospices dans les dépenses
des aliénés et que le droit de statuer appartenait au ministre de l'Intérieur (Conseil d'Etat 13 février 1885.
D. 86,3 86). Ce droit du ministre résulte des droits du
25 mars 1852 et 13 avril 1861. L'article 1 du décret de
décentralisation de 1852 a confié au préfet le droit de
régler les affaires départementales et communales qui
auparavant exigeaient la décision du chef de l'Etat ou
des ministres et dont la nomenclature est fixée dans le
tableau A. Or, ce tableau A a excepté dans son paragraphe 55, lettre O, « le règlement du domicile de secours pour les aliénés et les enfants trouvés lorsque la
question s'élève entre deux ou plusieurs départements ».
— Cette exception a été reproduite dans le décret du
13 avril 1861. Ces dispositions ont donc eu pour conséquences d'attribuer compétence au ministre de l'Intérieur.

Jusqu'à la loi du 18 juillet 1866, la jurisprudence décida que la décision du ministre mettant à la charge
d'un département la dépense d'un aliéné n'était pas
susceptible d'être déférée par voie contentieuse au Conseil d'Etat (C. d'Etat, 14 juillet 1849 D. 50, 3,11). La décision était considérée comme formant un simple acte
d'instruction administrative, le département devant attendre pour se pourvoir que le crédit nécessaire pour
faire face à la dépense fut inscrit d'office à son budget.
Le Conseil d'Etat est revenu sur cette jurisprudence et a
décidé, dans un arrêt du 13 février 1885 D. 86,3 86, que
le département pouvait recourir contentieusement contre la décision ministérielle. L'arrêt ne motive pas ce
revirement de la jurisprudence mais il est facile d'en

découvrir la raison. Depuis la loi du 18 juillet 1866, les dépenses du service des aliénés n'étant plus obligatoires ne peuvent plus faire l'objet d'une inscription d'office ; il était donc nécessaire qu'on put recourir contre la décision ministérielle.

Comment le département peut assurer le service.

Chaque département peut organiser l'assistance des aliénés des deux manières, soit en créant nn asile départemental, soit en passant un traité avec un établissement public ou privé ? — Lors du vote de la loi de 1838, le législateur n'a pas voulu forcer chaque département à posséder un asile public. Certains départements ayant peu d'aliénés, les forcer à créer et à entretenir un établissement particulier, les aurait entraînés dans des dépenses onéreuses ; un autre argument fut mis en avant ; c'est que dans les grands établissements seuls on peut réunir tous les moyens curatifs.

Avant les lois de décentralisation de 1866 et 1871, le département qui possédait un asile départemental ne pouvait pas le supprimer pour conclure un traité avec un autre établissemenent public ou privé. En effet, d'après la loi du 10 mai 1838 étaient rangés parmi les dépenses obligatoires les frais d'entretien et de réparations des édifices départementaux, l'approbation de l'autorité supérieure étant en outre exigée pour les changements de destination de ces édifices. Il n'en est plus de même actuellement, l'article 46 de la loi du 10 août 1871 donne au Conseil général le droit de statuer définitivement sur « le changement de destination des pro-

« priétés et des édifices départementaux autres que les
« hôtels de préfecture et de sous-préfecture et les locaux
« affectés aux cours d'assises, aux tribunaux, aux écoles
« normales, au casernement de la gendarmerie et aux
« prisons. »

Traité avec un établissement public ou privé

Le département pour assurer le service des aliénés,
peut traiter avec un asile public ou privé.

L'asile public avec lequel le traité est passé peut être
soit un établissement autonome ayant la personnalité
civile, situé dans le même département ou sur le territoire voisin, soit un établissement créé en vertu de l'article 1er de la loi de 1838 par un département limi-
trophe. Si le département traite avec un établissement
privé, cet établissement doit être exclusivement consacré au traitement des maladies mentales et être organisé conformément aux prescriptions de la loi de 1838
et de l'ordonnance du 18 décembre 1839.

D'après la loi de 1838 les traités passés avec des
asiles publics ou privés étaient soumis à l'approbation
du ministre de l'Intérieur. Le décret du 25 mars 1852,
tableau A n° 19, transféra ce pouvoir au préfet. Actuellement, le Conseil général statue définitivement sur ces
traités en vertu de l'article 46 § 17 de la loi du 10 août
1871. La loi du 18 juillet 1866 lui avait déjà donné ce
pouvoir par son article 1er § 15.

Si les départements peuvent opter entre la création
d'un établissement public et la conclusion d'un traité
avec un asile public ou privé, ils ne pourraient mettre

en adjudication l'installation et l'entretien des aliénés ainsi qu'avait voulu le faire le département du Rhône. Un décret en Conseil d'Etat du 25 janvier 1875 suspendit une délibération de son Conseil général prise dans ce but. En effet, cette organisation aurait pour conséquence, en remettant le service à un entrepreneur désigné par les hasards de l'adjudication, d'annihiler toutes les mesures de précaution prises par la loi de 1838 et l'ordonnance de 1839.

Une décision du Conseil d'Etat du 11 juillet 1845 attribue compétence à l'autorité administrative relativement aux difficultés qui peuvent s'élever entre un département et un établissement public touchant l'exécution du traité qui les lie. Cette compétence ne nous paraît pas justifiée d'après les principes. Le traité contesté n'est pas un acte administratif dont la connaissance doit être attribuée à l'autorité administrative en vertu du principe de la séparation des pouvoirs. D'un autre côté, on ne peut le considérer comme un marché de travaux publics relevant du conseil de préfecture d'après la loi du 28 pluviose an VII. Il y a là un simple contrat de droit commun, dont l'objet principal est de déterminer le prix auquel les aliénés sont reçus et traités et qui, en l'absence de dispositions spéciales, doit relever des tribunaux judiciaires. La compétence judiciaire s'imposera à plus forte raison si le traité est passé avec un établissement privé.

Auprès des asiles privés faisant fonctions d'asiles publics, la circulaire ministérielle du 15 juin 1860 a établi des Commissions de surveillance. Ces Commissions nommées et renouvelées dans les formes prescrites par l'ordonnance de 1839 comprennent cinq membres nommés par le préfet et renouvelés par cinquième chaque année. Elles se réunissent tous les mois et sont en outre convoquées par le préfet ou le sous-préfet chaque fois que le service l'exige. — Il faut bien remarquer qu'elles n'ont aucun pouvoir particulier et que leurs attributions ne sont pas étendues au-delà des droits de surveillance et de contrôle appartenant à l'administration. Ainsi que nous l'avons dit, en parlant de l'administration des biens des aliénés internés, elles ne peuvent en assurer la gestion en vertu de l'article 31 de la loi de 1838. D'un autre côté, elles n'ont pas à donner leur avis sur les budgets, les comptes et les actes relatifs à l'administration de l'établissement.

Le nombre des départements n'ayant pas d'asiles propres et ayant passé des traités avec des établissements publics ou privés est encore assez considérable. Il s'élevait en 1893 à 36 parmi lesquels 17 avaient traité avec des asiles privés [Voir les statistiques annexées au rapport Lafont].

Depuis quelques années ce moyen d'assurer l'assistance des aliénés a été vivement critiqué, surtout en ce qui touche les traités passés avec des asiles privés. Ces établissements ayant été fondés dans un but de spéculation, il s'en suit qu'il faut que la pension payée par le département soit calculée de manière à couvrir les frais et à assurer le bénéfice du directeur, sinon les malades indigents ne recevront pas les soins nécessités par leur état. Or dans la pratique, il n'en est pas ainsi le prix de la journée étant en moyenne de 1 fr.18 à 1 fr.15. Il en résulte que les directeurs sont obligés de faire des économies sur le traitement de leurs pensionnaires ou de leur imposer des travaux contraires au traitement ; au

cas ou même les malades ne sont pas exploités, les départe-
tements ne peuvent exiger de ces établissements les sa-
crifices nécessaires pour l'amélioration des services.

Les Commissions de surveillance ont bien été créées
par la circulaire du 15 juin 1860 pour remédier à ces inconvénients; mais le plus souvent ou elles n'existent pas
ou elles ne se réunissent pas ; leurs pouvoirs sont du
reste trop limités.

Si les traités passés avec des asiles départementaux
ne présentent pas ces inconvénients, ils en ont d'autres.
Le département, acceptant dans son asile les aliénés de
départements voisins, le fait au détriment des siens.
Il préfère les malades qui lui procurent un profit, les
aliénés du département de la Seine par exemple dont
5.000 sont dispersés dans 25 asiles de province, aux
siens qui constituent une charge.

Du reste, la richesse publique s'est suffisamment dé-
veloppée depuis une quarantaine d'années pour que
l'obligation d'entretenir un établissement départemental ne soit pas une trop lourde charge pour le département.

Guidée par ces raisons, la Commission de la Chambre
des députés chargée d'examiner la proposition Reinach s'est prononcée pour l'obligation imposée aux départements de posséder un établissement public, leur
accordant un délai de 10 ans pour sauvegarder les intérêts des établissements privés ayant actuellement des
traités avec les départements.

Le projet présenté au Sénat en 1881 supprimait de
même la faculté pour les Conseils généraux de traiter
avec une asile public; mais la Commission sénatoriale
et le Sénat lui-même avaient maintenu le régime de

liberté accordé aux départements par la loi de 1828..

En effet malgré tout ce que l'on peut dire l'innovation, projetée entraînera de très lourdes charges pour les départements, à une époque où ils plient déjà sous le fardeau de dépenses de plus en plus considérables. Cette innovation est en outre inutile. Les reproches portés contre les asiles privés faisant fonction d'asiles, publics ne doivent pas être généralisés. Beaucoup remplissent, de l'aveu même de l'administration, toutes les conditions requises et, si quelques-uns sous les rapports de la direction médicale du régime alimentaire et du travail imposé aux malades se trouvent dans un état d'infériorité, il est facile d'y remédier en surveillant de plus près l'administration de ces établissements et les traités passés avec eux.

Le Sénat adoptant cette manière de voir, et pour parer aux inconvénients de la liberté laissée aux Conseils généraux, soumettait à la ratification du ministre de l'Intérieur tous les traités conclus par les départements. Il décidait en outre que le fonctionnement des asiles privés serait déterminé par un règlement d'administration publique, le personnel médical étant assimilé à celui des asiles publics.

Des établissements départementaux.

Aujourd'hui lorsque le département a décidé d'assurer le service des aliénés en créant un établissement départemental, le Conseil général statue définitivement sur les projets, plans et devis des travaux en vertu de l'article 46 § 9 de la loi du 10 août 1871.

Deux ou plusieurs départements peuvent se réunir pour créer et entretenir en commun un établissement interdépartemental ; la loi du 1871, qui autorise la réunion de conférences interdépartementales pour débattre les questions d'intérêt commun facilite l'entente. Mais jusqu'à présent aucun établissement de ce genre n'a été, créé et ainsi que l'a dit justement M. Roussel, « cette Commission est en fait d'une réalisation difficile. »

D'après l'article 2 de la loi de 1838, les établissements départementaux d'aliénés sont placés sous la direction de l'autorité publique. Leur situation diffère donc de celle des hospices, bureaux de bienfaisance et autres établissements de charité vis-à-vis desquels l'administration supérieure n'exerce qu'un droit de tutelle, se bornant à approuver les actes d'administration et de gestion faits par les commissions administratives. — En ce qui touche les asiles d'aliénés, l'autorité publique a le droit de réglementer leur service intérieur et leur régime médical.

Les lois de décentralisation de 1866 et 1871 n'ont modifié en aucune manière les pouvoirs de l'administration sur le régime des asiles ; elles n'ont donné plein pouvoir au Conseil général qu'en matière financière. — C'est ce qui résulte de la discussion de la loi de 1866 et de la circulaire ministérielle du 4 août 1686. « Le rôle du Conseil général, dit cette circulaire, est li- « mité aux questions de recettes et de dépenses, le sur- « plus demeure exclusivement réservé à l'administra- « tion. Il ne pouvait en être autrement, car à côté et au- « dessus de ces questions budgétaires, le service des « aliénés soulève des questions de police, d'ordre public

« et de liberté individuelle qui appellent au premier
« chef l'action du ministre responsable et celle des
« agents de l'autorité. » — Telle est, du reste, la jurisprudence du Conseil d'Etat. Ce dernier a rejeté le recours formé par le département du Rhône contre deux
arrêtés du préfet portant nomination d'un pharmacien
et d'un médecin adjoint à l'asile de Brou, alors qu'une
délibération du Conseil général avait décidé que ces
places seraient mises au concours. (C. d'Etat, 23 mai
1880. D. 80, 3,111) Une délibération du Conseil général
du Rhône revendiquant pour le département le droit de
régler l'organisation du service médical fut annulée en
vertu de l'article 33 de la loi de 1871 par décret en
Conseil d'Etat. «... Considérant, dit ce décret, que si la
« loi de 1871 dispose dans son article 46-17° que les
« Conseil généraux statuent définitivement sur les re-
« cettes de toutes natures et les dépenses des établisse-
« ments d'aliénés appartenant au département, cette
« disposition laisse intacts les pouvoirs et les attribu-
« tions conférés à l'autorité publique en ce qui con-
« cerne les asiles publics d'aliénés, par la loi du
« 30 juin 1838 et l'ordonnance du 18 décembre 1839... »

L'organisation des établissements départementaux se
trouve dans l'ordonnance du 18 décembre 1839.

Chaque asile est dirigé par un directeur responsable,
nommé par le ministre de l'Intérieur et assisté d'une
Commission de surveillance. — Le directeur est chargé
de l'administration intérieure de l'asile et de la gestion
de ses biens et revenus. Exclusivement chargé du bon
ordre et de la police de l'établissement, c'est lui qui
pourvoit, comme nous l'avons vu, à l'admission et à la
sortie des personnes internées. Il nomme tous les sur-

veillants, infirmiers ou gardiens mais après qu'ils ont
été agréés par le médecin en chef.

Le service médical et tout ce qui concerne le régime
physique et moral ainsi que la police médicale et personnelle des aliénés est placé sous l'autorité du médecin en chef assisté du médecin adjoint. Nommés
auparavant par le ministre de l'Intérieur, ils sont aujour-
d'hui nommés directement par le préfet depuis le décret du 25 mars 1852. Ils ne peuvent être révoqués que
par le ministre de l'Intérieur. Au cas où des conflits s'éléveraient entre le directeur et le médecin en
chef, il en est référé immédiatement au préfet qui
statue ; du reste leurs attributions respectives sont nettement délimitées par les articles 21 et 59 du règlement
du 20 mars 1857. Les fonctions de médecin et de directeur peuvent être réunies par le ministre de l'Intérieur.

A côté du directeur se trouve, avons-nous dit, une
Commission de surveillance, — Composée de cinq
membres en principe, de sept si les circonstances
l'exigent, elle est nommée par le préfet et renouvelée chaque année par cinquième. Ses membres ne
peuvent être révoqués que par le ministre de l'Intérieur.

Cette commission a des attributions de deux sortes.
Elle est en premier lieu chargée de l'administration
provisoire des biens des aliénés internés non interdits.
Nous l'avons étudié dans ce rôle en traitant de la condition civile des aliénés. — Elle joue en second lieu un
rôle consultatif. Elle est chargée de la surveillance
générale de toutes les parties du service et donne son
avis sur le régime intérieur, sur le budget et les comptes,
sur les actes d'administration tels que le mode des ges-

tion des biens, les acquisitions, les transactions, les emprunts, etc.

Une question importante qui se pose à notre examen est de savoir si les asiles départementaux d'aliénés ont la personnalité civile.

La loi de 1838 ne tranche pas la question. On ne peut se baser pour soutenir l'affirmative sur l'article I qui dit : « chaque département est tenu d'avoir un établis-« ment public spécialement destiné à recevoir les aliénés « ou de traiter à cet effets avec un établissement public « ou privé soit du département, soit d'un autre départe-« ment ». Le mot établissement public est opposé ici au mot établissement privé et veut simplement dire établissement départemental.

Quant à l'article 31, qui parle des Commissions, on ne sait après l'avoir lu, si ces dernières sont chargées de diriger l'asile ainsi que les Commissions des hôpitaux ou si elles n'ont qu'un simple rôle de surveillance. — Il porte « les Commissions administratives ou de sur-« veillance des hospices ou établissements publics « d'aliénés exerceront... » et à la fin du même article... « dans des établissements d'aliénés dirigés ou surveillés « par des Commissions administratives... »

Si on se reporte à l'ordonnance de 1839, nous voyons que la Commission n'a qu'un simple rôle de surveillance, l'article I décide « les établissements publics consacrés au service des aliénés seront administrés... sous la sur-veillance de commissions gratuites... » ; de son côté l'ar-ticle 4 énumère les cas où la Commission devra donner son avis. — Cette Commission diffère donc grandement de la Commission administrative des hôpitaux qui d'après la loi du 7 août 1851 délibère (dans certains cas, elle a même un pouvoir règlementaire) sur toutes les affaires intéressant l'hospice. Elle ne peut être considérée comme l'organe de la personnalité de l'asile. Mais il semble qu'on pourrait considérer le directeur comme le représentant de cette personnalité. L'article 6 de l'ordonnance de 1839 dit : « le directeur est chargé de l'administration intérieure et de la gestion de ses biens et revenus de plus l'article 16 porte que les lois et règlements relatifs à l'administration générale des hôpitaux sont applicables. On peut invoquer, en faveur de cette opinion, le passage suivant du rapport au Roi. « On n'a pas cru qu'il fut nécessaire d'ordonner « des dispositions spéciales relatives à l'administra- « tion des biens des asiles publics d'aliénés. Ces établis- « sements devront être naturellement soumis aux lois et « règlements relatifs à l'administration générale des hos- « pices et des établissements de bienfaisance. Ils y trou- « veront l'avantage de profiter immédiatement d'une « législation et d'une jurisprudence toute formée et « améliorée par une longue expérience. »

Nous croyons cependant que les asiles départementaux n'ont pas la personnalité civile.

Le texte de l'article 6 de l'Ordonnance de 1839 ne donne d'abord au directeur que l'administration intérieure de l'asile ; en outre, et surtout, les principes de notre droit public ne reconnaissent la personnalité civile qu'au cas où elle a été formellement accordée soit par la loi elle-même, soit par le pouvoir exécutif en vertu d'une délégation du pouvoir législatif. Or, si on consulte les textes sur la matière on voit que pas un ne la leur a accordée formellement. Tout au contraire, la loi du 10 août 1871 sur les Conseils généraux considère les asiles d'aliénés comme de simples services départementaux. L'article 46 leur donne le pouvoir de délibérer « sur la création d'institutions départemen- « tales d'assistance publique et services de l'assistance « publique *dans les établissements départementaux* » et non ainsi que le portait l'article du projet de loi « sur la création d'institutions départementales d'assistance publique et services de l'assistance publique *dans le département* ». — Un autre paragraphe de l'article 46 indique bien que la loi ne reconnaît pas la personnalité civile aux asiles d'aliénés. « 17ᵉ recettes de toute nature et dépenses des *établissements d'aliénés appartenant au département*. »

Le ministère de l'Intérieur a varié dans sa jurisprudence sur cette question de la personnalité des asiles d'aliénés. — Dans une première période, il se prononça pour l'affirmative. Sa théorie se trouve renfermée dans les circulaires des 22 juillet 1842 — 30 avril 1845 — 28 juillet 1845. La circulaire du 22 juillet 1842 — 20 avril 1845 — 28 juillet 1845. La circulaire du 22 juillet 1842 dit : « Quant aux dépenses relatives aux hospices dépar- « tementaux, il y a une distinction à faire entre les dé- « penses qui ont pour objet les frais d'acquisition, de « construction et de premier établissement et celles rela- « ves aux frais d'entretien lorsqu'ils sont définitivement « constitués. Les sommes allouées dans le premier cas, « doivent être portées en recettes et dépenses dans le « budget départemental et employées comme les au- « tres recettes du budget, soit que ces fonds proviennent « de dons faits par les particuliers ou les communes, « soit qu'ils aient été alloués par les départements. « Mais dès que l'hospice est définitivement fondé, il

« devient un établissement particulier et est soumis par
« son régime administratif et financier aux lois, or-
« donnances et règlements qui régissent tous les éta-
« blissements de charité. Les allocations ne doivent
« dès lors figurer au budget départemental qu'à titre de .
« subvention à verser dans la caisse de ces établisse-
« ments. La surveillances administrative et l'ordonnan-
« cement des dépense rentrent dans ce cas, dans le
« domaine d'une commission administrative et, d'un
« receveur responsable à l'instar de ce qui se pratique
« pour tous les hospices communaux. » — On distin-
guait ainsi entre la création de l'asile à la charge du
département et son fonctionnement autonome.

En 1880, au sujet d'un recours pour excès de pouvoir
formé contre l'annulation par décret en Conseil d'Etat
d'une délibération d'un Conseil général, le ministère
de l'Intérieur soutenait encore la personnalité civile des
asiles. (Conseil d'Etat 23 mars 1880. — Revue d'administration 1880. 2. p. 180). Il a depuis abandonné cette
théorie, ainsi qu'il résulte d'une note du ministère, à
l'occasion de l'annulation d'une délibération d'un conseil général (décret au Conseil d'Etat 24 avril 1884. —
Revue d'administration 1884 2 p. 438).

Quant au Conseil d'Etat, il n'a jamais reconnu cette
personnalité. — Par ses avis des 6 avril 1842 et 27 juillet
1855, il décide que le préfet représentant le département
doit passer les actes relatifs aux asiles d'aliénés ; par
décision contentieuse du 10 août 1845 il décide qu'il
doit ester en justice dans les affaires intéressant ces
établissements. L'absorption de l'asile d'aliénés dans
la personnalité du département résulte encore de nombreux arrêts mettant implicitement ou explicitement à

la charge de ce dernier le paiement des contributions des immeubles faisant partie de ces établissements. Voir par exemple Conseil d'Etat 18 juin 1880.

Comme conséquence de la non personnalité des asiles départementaux d'aliénés, tous les actes de propriété et de disposition les intéressant, sont passés par le préfet, représentant le département dans les acquisitions, aliénation, actions en justice, transactions, etc. Le Conseil général statue définitivement sur ces différents objets aux termes de l'article 46 de la loi du 10 août 1871.

Si les asiles n'ont pas la personnalité civile, ils ont au moins une certaine autonomie financière qui comble en partie cette lacune. Ils ont une personnalité financière avec une dotation propre et un budget ne se confondant pas avec le budget départemental. — Cette distinction se montre clairement dans le décret de décentralisation du 25 mars 1852 qui attribuait au préfet le droit de statuer sur le budget des asiles d'aliénés et réservait au pouvoir central le droit de régler le budget départemental. — Actuellement, d'après l'article 1 § 15 de la loi du 18 juillet 1866 reproduit par l'article 46 § 17 de la loi du 10 août 1871, le Conseil général règle les budgets des asiles départementaux et approuve leurs comptes.

Comme conséquence de cette autonomie, le département ne peut employer les excédents de recettes pour les affecter à d'autres services publics; ils doivent servir à couvrir soit les déficits des années mauvaises, soit les dépenses extraordinaires de construction et de réparation. La délibération du Conseil général si cette règle n'était pas appliquée pourrait être l'objet d'un secours dans les formes et délais prévus par l'article 47 de la loi du 10 aout 1871. — C'est ce qu'a décidé implicitement le Con-

seil d'Etat dans un arrêt du 23 mars 1880, D. 80, 3. 114.
— Voici l'espèce qui s'était présentée : Le Conseil général de la Côte d'Or, statuant sur le budget de l'asile départemental, avait décidé qu'un excédent de recettes de
2 3000 fr. serait appliqué à des travaux d'utilité départementale. En exécution de cette décision, ladite somme
avait été inscrite au budget rectificatif du département,
mais le décret réglant le budget la retrancha. Un recours
pour excès de pouvoir fut formé par le département de la
Côte-d'Or et le décret fut annulé parce que la délibération du Conseil général aurait dû être l'objet d'un recours
du préfet dans les vingt jours, et ne pouvait être modifiée par l'acte réglant le budget.

Le projet de loi voté par le Sénat et le texte arrêté par
la Commission de la Chambre des députés gardent le silence sur la question de la personnalité des asiles
d'aliénés, mais consacrent législativement leur autonomie financière en décidant que dans aucun cas les
Conseils généraux ne peuvent appliquer à d'autres services les excédents de recettes de leurs budgets. —
Cette autonomie ne consacre en aucune manière la personnalité de l'asile ; on peut même dire qu'elle l'exclue,
car le gouvernement, en la proposant, reconnaissait
dans son exposé des motifs le droit du département propriétaire de l'asile, d'en régler le budget, et la moti-
vait par les inconvénients qui résultaient de la liberté
laissée au Conseil général.

Dans l'organisation actuelle des asiles publics, on a
surtout critiqué le dualisme des fonctions de directeur
et de médecin en chef et le mode de recrutement du
personnel médical.

Nous avons vu que l'Ordonnance de 1839 sépare les

fonctions de médecin en chef, et de directeur ; toutefois le ministre de l'Intérieur peut les réunir par mesure spéciale. Ce qui semblait devoir être l'exception est devenu la règle dans la pratique. Aussi, les divers projets de lois ont-ils proposé de consacrer législativement cette réunion, sauf les cas où l'importance de l'établissement rendrait la charge trop lourde.

Ainsi que l'a dit M. Bourneville, président de l'un des groupes de la Commission extraparlementaire de 1881, tout dans l'asile doit converger vers le même but, le traitement qui ne comprend pas seulement les agents pharmaceutiques, mais la discipline intérieure, la distribution du travail, l'indication de sa durée, les promenades, les congés d'essai et de convalescence, les exercices physiques, etc. L'unité de vue est donc nécessaire dans la direction, et la division des attributions ne peut avoir pour conséquence que de créer des conflits, de confondre ou de supprimer les responsabilités, d'entraver les services.

Actuellement, nous n'en sommes plus au temps où les maladies mentales étaient complètement ignorées des médecins, sauf de quelques rares élèves d'Esquirol, de Pinel et de Ferrus ; leur pathologie et leur traitement sont devenus une spécialité, une véritable branche de la médecine, ayant amené dans les grands centres d'instruction la création de tout un enseignement. On est donc en mesure d'exiger du médecin d'asiles toutes les connaissances théoriques et pratiques qui font le médecin aliéniste. Or ces, médecins, nommés par le préfet depuis le décret de 1852, ne sont peut être pas choisis dans des conditions garantissant suffisamment leur capacité. Le meilleur moyen d'améliorer le recrutement du personnel médical est d'établir le concours à sa base. Aussi, et le projet de loi voté par le Sénat et le texte arrêté par la Commission de la Chambre des députés disposent que les médecins adjoints sont nommés par le ministre de l'Intérieur sur une liste de présentation, dressée d'après les résultats d'un concours public. Cette mesure assure une garantie au traitement des malades et permettra de n'accorder qu'au mérite une place qui exige des aptitudes et des études spéciales. — Le projet de la Commission de la Chambre décide, en outre, que les internes des asiles d'aliénés seront de même nommés au concours.

On s'est demandé s'il ne fallait pas aller plus loin dans la voie du concours, et si la nomination des médecins directeurs et des médecins en chef ne devait pas y être soumise. On s'est décidé pour la négative, avec raison. Le directeur d'un asile doit avoir en effet, non seulement une valeur scientifique, mais aussi certaines qualités d'administrateur et il suffit d'exiger que le choix du ministre se porte parmi les médecins adjoints pour garantir le savoir et l'expérience nécessaires.

De l'assistance des idiots et des épileptiques.

La loi du 30 juin 1838 ne s'occupe que des aliénés et ne parle pas de l'assistance et du traitement des idiots et des épileptiques. Dans certains départements on reçoit bien les épileptiques aliénés et certains idiots et crétins lorsqu'ils sont devenus un danger pour la sécurité ou la morale publique ; mais ils sont internés avec les autres aliénés, et à un moment, où aucun traitement ne peut plus être essayé avec quelques chances de succès. Ils ne font qu'encombrer les asiles comme nous l'avons vu plus haut.

Il y a cependant un grand intérêt social, toutes les personnes compétentes le reconnaissent, à organiser l'assistance et le traitement de ces malheureux.

L'idiotie doit être nettement distinguée de l'aliénation mentale. Suivant la célèbre définition l'Esquirol : « L'homme en démence est privé des biens dont il jouissait autrefois. C'est un riche devenu pauvre ; l'idiot a toujours été dans l'infortune et la misère. — » Suivant le professeur Ball « l'idiotie n'est pas une perversion ou une abolition de l'intelligence. C'est une privation plus ou moins absolue des facultés intellectuelles par suite d'un vice de conformation, d'une atrophie des organes correspondants. »

Il faut distinguer divers degrés dans l'idiotie. On divise les idiots en idiots automatiques, réduits aux actes de la vie végétative, et en idiots spontanés, qui peuvent manifester une volonté propre. Or, ces derniers sont ordinairement éducables quoique le développement des facultés intellectuelles et morales soit partiel et irrégulier. Les instincts et les passions peuvent se développer d'une manière excessive, tandis que le développement de l'intelligence et surtout celui des sentiments affectifs et moraux est très faible ou nul. Laissés à eux-mêmes, leurs instincts féroces, la ruse, l'astuce, l'exagération ou même la perversion du sens génital, le penchant au vol, à l'incendie, les rendent redoutables. — Par un traitement approprié, commencé dès le plus jeune âge, on réussit souvent à faire évoluer les organes dont le développement semble arrêté et à réprimer les mauvais instincts dès qu'ils s'éveillent. On arrive ainsi, à faire de ces malheureux des êtres capables d'un travail suffisant pour qu'ils ne soient plus une charge pour la société.

Ce que nous venons de dire de l'idiotisme s'applique aussi au crétinisme. Les crétins peuvent se diviser : 1° en crétin proprements dits qui ne se reproduisent jamais, qui n'ont pas de goître ou un goître très petit et qui sont souvent idiots. 2° en demi crétins qui se reproduisent et présentent souvent des organes génitaux très développés en même temps qu'un goître souvent énorme ; 3ᵉ en crétineux qui ont des traces de goître et certains traits généraux du crétin.

Les crétins sont en général plus facilement curables que les idiots ; le traitement consistant avant tout à soustraire les enfants à l'influence du milieu ou les altérations organiques propres aux crétins se produisent.

Mais, du reste, même au cas où un grand nombre de ces enfants, idiots, crétins, imbéciles, arriérés ne serait pas curable, il faudrait les assister pour de nombreuses raisons,

La présence de ces enfants est une calamité dans toute famille du peuple, où ils sont la source de graves inconvénients. Souvent par leurs cris ininterrompus, ils empêchent leurs parents de prendre aucun repos ; les voisins se plaignent du bruit qu'ils font et le résultat est le congé donné à leur famille. Vivant avec leurs frères et sœurs en bas âge, ils ont sur eux une influence funeste et incontestable.

Envoyés dans les écoles, s'ils ne sont pas atteints au dernier degré, ils ne peuvent y être maintenus par l'impossibilité où ils sont de suivre les cours qui y sont faits et par le trouble qu'ils causent parmi les autres enfants. Ils vagabondent alors, se livrent à tous leurs instints pervers et sont une source de dangers pour la société.

Si nous examinons, ce qui a été fait pour l'assistance de ces malheureux, nous voyons qu'à l'étranger de nombreux asiles sont consacrés à leur traitement, tandis qu'en France, sauf dans les départements de la Seine et du Nord presque rien n'a été fait pour eux. Nous devons cependant remarquer que c'est chez nous qu'Edouard Seguin créa, en 1838, la véritable méthode d'enseignement et de traitement qui leur est applicable.

Dès 1842, une école pour les enfants arriérés était fondée en Suisse sur l'Abendberg par le docteur Gugenbulh, une autre était établie à Leipzig ; en Angleterre, de petites écoles sont créées en 1848 à Bath, Highgate et Colchester. A partir de 1870, le mouvement en faveur de l'assistance de ces enfants se précipite et le nombre des établissements qui leur sont consacrés augmente rapidement.

En Allemagne, d'après les renseignements fournis à la 5e session de la conférence allemande, relative à l'assistance des idiots; il existait 36 établissements donnant l'assistance et l'éducation à 4 247 idiots. En outre, dans certaines villes existent des classes spéciales pour les enfants arriérés. En Suisse, il y aurait eu en 1888, d'après Mlle Matrat inspectrice générale des écoles maternelle, 17 écoles pour l'éducation des idiots. — En Norwège, la loi de 1881 rend obligatoire l'enseignement pour les enfants idiots de 7 à 20 ans qui sont aptes à le recevoir. Quatre écoles ont été créées dans ce but. — Aux Etats-

Unis, le plus grand nombre des Etats possèdent des établissement spéciaux, les uns institutions d'Etat, les
autres établissements municipaux ou même privés
ayant reçu la personnalité civile avec des subventions
de l'Etat.

Si nous passons en Grande-Bretagne, nous trouvons
en Angleterre et dans le pays de Galles une dizaine
d'établissements parmi lesquels il faut citer le célèbre
asile d'Earlswood qui assiste près de 600 idiots, l'établissement métropolitain de Darenth qui reçoit 300 garçons
et 300 filles imbéciles et l'asile Royal Albert fondé à
Lancastre. — On peut citer, en Ecosse, les institutions
de Baldovan, de Larbert et de Columbia Lodge près
d'Edimbourg ; en Irlande, la Stewart-Institution.

Si nous examinons la situation existant en France,
nous trouvons qu'en 1877, d'après le rapport des Inspecteurs généraux, il n'existait des quartiers d'enfants pour
les garçons qu'à Armentières, Bicêtre, Clermont (Oise),
Fanis, Maréville, Prémontré, Quatre Mares, Saint-Al-
ban ; pour les filles, à la Salpêtrière ; pour les deux
sexes, à Evreux, Montdevergues et Montpellier. Et même
si nous en croyons M. Bourneville, sauf à la Salpêtrière
et à Bicêtre, le nombre des enfants hospitalisés dans
ces quartiers est très restreint. Ainsi, à Fanis, il y
avait en tout dix enfants en 1887, à Maréville, une trentaine laissés sans aucun traitement. — Il faut ajouter,
il est vrai, que depuis cette époque certains efforts ont
été tentés. D'après le rapport présenté par M. Bourneville, au Conseil supérieur de l'Assistance publique,
plusieurs Conseils généraux, ceux de la Côte d'Or, de la
Loire-Inférieure, du Pas-de-Calais, de la Seine-Infé-
rieure, de la Dordogne, du Maine-et-Loire, etc., ont, les

uns, augmenté les locaux consacrés à cette assistance, les autres, mis à l'étude la création d'établissement spéciaux.

Mais on peut dire que seuls le département de la Seine et la ville de Paris ont véritablement organisé l'assistance de ces malheureux, montrant l'exemple à suivre aux autres départements. En 1878, le Conseil général réorganisa la section des enfants de Bicêtre et de la Salpêtrière dont la transformation était urgente. Actuellement plus de 800 enfants idiots et arriérés des deux sexes sont hospitalisés : dont 120 filles à la Salpêtrière, 380 garçons à Bicêtre, 116 garçons à la colonie de Vaucluse et 60 filles à l'asile de Villejuif.

Ce que nous venons de dire, de l'assistance des enfants idiots et arriérés, peut s'appliquer aussi à l'assistance des épileptiques, service qui est entièrement à organiser.

Tout le monde connaît l'épilepsie, le mal sacré des anciens. Qui n'a vu dans la rue, un homme jeté à terre tout à coup, en proie à une crise terrible pendant laquelle secoué par les convulsions, les sens anesthésiés, il n'a pas conscience de ce qui se passe autour de lui. Au bout de deux à trois minutes, il revient à lui, abattu, avec un trouble plus ou moins grand dans les idées, mais ne gardant aucun souvenir de l'attaque qui vient de le terrasser. Les apparences de santé reviennent petit à petit jusqu'aux approches d'une nouvelle crise.

Cette maladie terrible ne touche pas toujours l'intelligence des individus qui en sont atteints. Elle peut coexister avec le développement intellectuel le plus brillant. — On en voit plusieurs exemples dans l'histoire, César, Pétrarque, Newton étaient épileptiques ; on a

prétendu que Napoléon y était sujet. On peut voir
dans la société des personnes atteintes d'épilepsie, à
l'intelligence lucide, vaquer à leurs affaires comme
tout le monde, y réussir très bien et si leurs attaques
sont secrètes être considérées comme pleines de santé.

Mais en général, les épileptiques ont un caractère irrégulier, causant le malheur de leurs proches, fantasques,
irritables, entrant dans des colères terribles à un moment, polis, affables presque obséquieux quelques instants aprés. La note dominante est un égoïsme in-
commensurablé. Les facultés intellectuelles de même
que les sentiments affectifs sont atteints et déprimés.

Bien souvent, l'épilepsie est accompagnée de troubles
intellectuels transitoire ou de démence continue. Si
la démence est continue, on se trouve en face d'un véritable aliéné qui doit être assimilé aux autres fous.
Nous ne nous occuperons que des troubles transitoires
de l'intelligence qui peuvent précéder ou suivre l'attaque. On s'est demandé si, dans l'épilepsie dite
larvée ou l'attaque n'est pas apparente, ils ne pouvaient
pas s'y substituer. Sur ce point, il y a divergence
entre les médecins aliénistes. Les uns, comme Magnan
Voisin soutiennent l'affirmative ; les autres, comme
Legrand du Saulle soutiennent la négative prétendant
qu'il y a toujours une attaque incomplète que l'observation minutieuse révèlera. Elle peut se traduire, par
exemple par une simple émission nocturne d'urine.

Ces troubles intellectuels peuvent consister en un
simple vertige ou en une absence complète pendant laquelle l'épileptique peut être pris d'une crise de délire
impulsif ou dépressif. Sous l'empire du délire, une im-
pulsion à l'homicide, au suicide où une manie peut le

posséder entièrement, et ne fait qu'augmenter tant qu'elle n'a pas trouvé à se satisfaire. Cet état qui peut durer de quelqnes instants à plusieurs jours, une fois passé, l'épileptique recouvre sa raison et ne se souvient de rien, une lacune se produit dans son esprit.

Actuellement, les épileptiques atteints de démence continue c'est-à-dire les épileptiques dits aliénés sont seuls hospitalisés dans les asiles ; dans quelques départements riches et populeux, ils sont placés dans des quartiers spéciaux. Sur une population d'environ 33. 000 épileptiques, chiffre auquel s'est arrêté M. Lunier, dans l'enquête qu'il a faite sur le nombre des épileptiques en France (*annales médico-psychologiques, année* 1881) 4000 seulement étaient internés dans les asiles d'aliénés ; 1170 étaient internés dans d'autres établissements spéciaux et dans les hôpitaux et hospices importants de 27 départements. Il résultait de cette statistique que 28000 individus épileptiques vivaient dans leurs familles dénués de tout secours.

Lorsqu'un épileptiques est saisi par un accès de son mal, il est transporté dans l'hôpital le plus voisin ; mais la crise passée, il n'est plus un malade comme un autre, et il est renvoyé. La maladie, si les attaques en sont fréquentes, l'empêchent d'être accepté dans un ate·lier ou dans un bureau, cependant tous les établissements hospitaliers refusent de le recevoir. Il est donc de toute nécessité d'organiser l'assistance de ces malheureux, l'intérêt public y est directement engagé, puisque, ainsi que nous l'avons vu, nombre d'épileptiques peuvent devenir un danger pour la société.

Si tout le monde est unanime sur la nécessité de l'éducation des jeunes idiots et crétins, et le traitement des épileptiques, les avis diffèrent sur le mode d'organisation de cette assistance.

La Commission sénatoriale chargée d'examiner le projet de loi sur les aliénés, s'était prononcée pour la création et l'entretien par l'Etat d'établissements pour l'éducation des jeunes idiots et le traitement des épileptiques. Plusieurs raisons avaient été invoquées. En premier lieu, on craignait qu'au cas où cette charge incomberait aux départements, elle ne fut trop lourde pour certains d'entre eux, surtout si l'on considère le nombres peu considérable d'individus que beaucoup auraient à hospitaliser. D'un autre côté, comme l'a dit M. Roussel, on voulait que l'Etat donna l'exemple en créant un type d'établissement comme il l'a fait pour les jeunes aveugles et les sourds-muets. Du reste, la dépense ne devait pas incomber entièrement à l'Etat ; le département devait supporter la dépense de l'entretien des individus hospitalisés lui appartenant jusqu'à concurrence du prix de journée qu'il paie pour ses aliénés ordinaires. En résumé, incombaient à l'état la création des établissements et la différence assez minime qu'il aurait pu y avoir entre le prix de journée dans ces établissements modèles et celui dans les asiles départementaux.

Le gouvernement ne voulut pas accepter cette proposition considérant qu'elle créait une obligation d'assistance pour l'Etat contrairement aux principes généraux sur la matière. Devant cette opposition et la promesse du gouvernement d'étudier la question de l'assistance des idiots et des épileptiques, le Sénat se borna à noter une disposition permettant l'hospitalisation des jeunes idiots et des épileptiques, dans les asiles d'aliénés.

Le texte arrêté par la Commission de la Chambre des députés met à la charge des départements l'obligation de créer dans le délai de dix ans à partir de la promulgation de la nouvelle loi, des quartiers spéciaux pour l'éducation des jeunes idiots et le traitement des épileptiques. Aux idiots et aux épileptiques, la Commission à ajouté les alcooliques pour lesquels elle demande aussi la création de quartiers spéciaux. Depuis quelques années, l'alcoolisme a fait en France des ravages inquiétants. Il menace si l'on n'y prend garde les forces vives de la nation ; nous devons non seulement chercher à en tarir la cause, mais aussi à en guérir les individus qui en sont atteints. Or, la dipsomanie et l'alcoolisme sont de véritables maladies des centres nerveux notamment des centres cérébraux, qui sont dans une certaine mesure facilement curables. De nombreux savants, Hirsch, au congrès de Christiania, Fobel à Eblekon, Turner, le créateur du premier asile des buveurs en Amérique ; Crothers, Day, Vormann à Dalrymphe-house, tous admettent la curabilité de l'ivrognerie et de la dipsomanie dans les proportions moyennes d'un tiers.

En créant des quartiers spéciaux pour les buveurs, nous ne ferons que suivre l'exemple de l'étranger. Le Washingtonian-Homo à Boston et le Walmet Logde Hospital à Hartford comprennent chacun de 300 à 400 individus. — En France, un quartier spécial a été créé pour les buveurs à Ville-Evrard et le département de la Seine fait construire un asile réservé aux alcooliques.

Dépenses du service des aliénés.

Nous avons vu plus haut que le service des aliénés
est à la charge du département avec concours des communes. Jusqu'en 1866, les dépenses résultant du
fonctionnement de ce service étaient obligatoires pour
le département, c'est-à-dire pouvaient faire l'objet d'une
inscription d'office. La loi du 18 juillet 1866, dans ses
articles 10 et 11 les ont rendues facultatives .et cette disposition a été maintenue par la loi du 10 août 1871.
dans ses articles 60 et 61. Mais ce que nous avons déjà
dit et ce qu'il faut bien remarquer, c'est que le Conseil
général ne peut modifier l'organisation administrative
du service telle qu'elle résulte de la loi de 1838 et de
l'Ordonnance réglementaire de 1839 ; son pouvoir ne
porte que sur les recettes et les dépenses.

Le Conseil général ayant plein pouvoir en matière
financière, il arrête les dépenses de l'entretien et du
traitement des aliénés dans les asiles publics ; il fixe,
dans les traités avec les établissements privés, les prix
de journée dûs par aliéné ; c'est lui qui statue sur
la part des dépenses mises à la charge des communes
et sur les bases de la répartition. — Jusqu'à la loi du
10 août 1871, les délibérations du Conseil général sur
ce dernier point étaient soumises à l'approbation de
l'autorité supérieure.

Aux termes de l'article 28 de la loi de 1838, la commune du domicile de l'aliéné est seule tenue de concourir à la dépense, mais le Conseil général fixe comme
il l'entend la part de la dépense et la base de la répartition. — Il faut cependant remarquer que la commune

n'est tenue que de coucourir à la dépense, la plus forte part devant être supportée par le département. La discussion qui eut lieu à ce sujet, à l'Assemblée nationale lors des votes de la loi de 1871, montre que le législateur a entendu maintenir les prescriptions de l'article 28.

Les bases adoptées pour la répartition ne sont pas identiques pour tous les départements, mais le plus souvent les assemblées départementales ont pris pour base de calcul le revenu communal. Dans ce système, on établit un certain nombre de catégories dans lesquelles toutes les communes du département sont classées d'après l'importance de leurs revenus, et suivant qu'elles figurent dans l'une ou dans l'autre, elles ont à supporter une fraction plus ou moins élevée de la dépense de leurs aliénés indigents.

La commune ne peut attaquer par la voie du recours pour excès de pouvoir la délibération du Conseil général fixant la dépense à sa charge (Conseil d'Etat 22 juin 1883. D. 85. 3. 17). Il y a là un acte de pure administration d'un caractère discrétionnaire, non susceptible de recours.

Si la délibération du Conseil général ne peut être attaquée pour excès de pouvoir, on peut cependant se demander si elle ne pourrait pas être annulée conformément à l'article 47 de la loi de 1871, soit au cas où elle mettrait à la charge de la Commune presque toute la dépense, soit au contraire, au cas où elle l'exonérerait presque complètement, en ne lui en faisant supporter qu'une part insignifiante. Pour nous, l'affirmative s'impose. En effet, d'après l'article 47, peuvent être annulées par décret en Conseil d'Etat toutes délibérations définitives violant la loi ou un règlement d'administration publique. Or, la loi de 1838 déclarant que les communes doivent concourir à la dépense, les exonérer presque entièrement ou au contraire mettre la dépense presque en entier à leur charge, c'est violer manifestement l'article 28 de cette loi.

Si les communes ne peuvent attaquer la décision du Conseil général fixant la part de dépenses qui leur incombe, elles peuvent toujours réclamer, lorsqu'elles prétendent que l'aliéné mis à leur charge n'avait pas son domicile de secours sur leur territoire, puisque la commune du domicile est seule tenue. C'est le préfet qui est chargé de statuer sur la question, sauf bien entendu recours devant le Conseil d'Etat, d'après les principes généraux. — Il tient ce pouvoir des décrets de décentralisation des 25 mars et 18 Avril 1861, l'autorité centrale ne s'étant réservée le pouvoir de trancher la question qu'au cas où la contestation s'élève entre deux ou plusieurs départements. (D. 1852 art. 55. O. D. 1861. art. 67. O.)

La loi du 30 juin 1838 a rendu obligatoire pour la commune la depense résultant du [service des aliénés ; cette obligation subsiste aujourd'hui en vertu de l'article 136 § 10 de la loi du 5 avril 1884. Par conséquent, le préfet a le droit d'employer la procédure de l'inscription d'office, lorsque la commune se refuse à voter les crédits nécessaires.

En vertu de l'article 27, § 1er de la loi de 1838, l'aliéné est débiteur envers le département des dépenses occasionnées par son entretien et son séjour dans l'établissement départemental. En effet, la société ne peut être obligée de supporter la responsabilité des accidents arrivés à ses membres, s'ils ne sont pas indigents, et cependant elle est dans l'obligation de se prémunir contre les dangers qu'ils peuvent lui faire courir.

Au cas où l'aliéné n'aurait aucune fortune, le département peut réclamer le paiement de la dépense aux personnes de sa famille astreintes envers lui à la prestation des aliments en vertu des articles 205 et suivants du Code civil. Toutes les règles contenues, dans ces articles, relatives à la détermination des personnes tenues, à l'effet et à l'exécution de l'obligation sont applicables. Au cas où il y aurait une contestation avec ces parents, soit sur le fonds du droit, soit sur la quotité de la pension, elle serait du ressort des tribunaux civils. Ainsi que nous l'avons vu en traitant des questions de droit civil, l'action est intentée par l'administrateur provisoire. Nous avons démontré que, malgré l'apparence, il n'y avait pas là, dérogation au principe d'après lequel toutes les actions de l'aliéné interné doivent être soutenues par un mandataire *ad litem*

Les sommes dues sont en principe recouvrées par l'administration de l'enregistrement avec sa procédure habituelle, et non par le directeur de l'établissement, ou le trésorier-payeur général agissant au nom du département.

Au cas où le paiement de la dépense est prélevé sur la fortune de l'aliéné, il n'y a pas à distinguer entre le produit des capitaux et les capitaux eux-mêmes. — Cependant la circulaire ministérielle du 5 août 1839 décide, que l'équité et la justice demandent qu'au cas où ces revenus sont nécessaires à l'existence de la famille, la dépense soit mise en tout ou en partie à la charge du département. De même, remise peut être faite des sommes dues, aux personnes tenues du paiement d'une pension alimen-

taire. Primitivement, il était statué par le ministre
sur ces remises ; plus tard, les décrets de décentralisation transmirent ce droit au préfet. Actuellement, il est
transféré au Conseil général en vertu de l'article 46 § 17ᵉ
de la loi du 10 août 1871 qui a abrogé emplicitement les
paragraphes 22 des tableaux A annexés aux décrets de
1852 et de 1861. (Avis du Conseil d'Etat du 23 février
1892. *Revue des établiss. de bienfais.* 1892. p. 176.)

Cette remise ne doit imposer aucune charge à la commune, du moment que l'aliéné ou sa famille étaient
solvables et dûment taxés ; la libéralité doit être entièrement supportée par le département (Avis du Conseil
d'Etat du 23 février 1892, cité plus haut).

Le département est non seulement créancier de
l'aliéné et de sa famille, mais encore de certains hospices
tenus de concourir aux charges du service des aliénés. D'après l'article 28 de la loi de 1838 sont tenus les
hospices qui, avant la loi actuelle, traitaient ou entrete-
naient à leur charge des aliénés. Rentrent dans cette
catégorie ; en premier lieu, les hospices ayant reçu des
libéralités avec affectation spéciale au traitement des
aliénés, lorsqu'ils ne peuvent avoir un quartier spécial ;
en second lieu les hospices qui sans être astreints à l'entretien des aliénés, y subvenaient dans une certaine
propportion avant la loi de 1838. Ils sont tenus, alors
même que la commune dont dépendait l'hospice lui
allouait une subvention suffisante pour le traitement
des aliénés, du moment que cette subvention n'avait
pas d'affectation spécial. (Conseil d'Etat, 7 août 1883,
D. 85. 3. 17*)*.

La loi actuelle ayant exempté ces hospices des
charges résultant du traitement des aliénés qui leur

incombaient, ils sont tenus d'une véritable dette à
l'égard du département, dette proportionnée au bénéfice
qu'ils réalisent.

C'est le Conseil de préfecture qui est compétent au
cas de contestation touchant ces dett s. (Article 28 de
la loi de 1838. — Conseil d'Etat 17 août 1883).

Dans le cas où la fondation établie dans l'hospice
aurait été faite au profit d'une ou de plusieurs communes, l'indemnité payée par l'hospice viendra en
déduction du contingent dû par la ou les communes,
du moment qu'elles auront fait reconnaître le caractère de la fondation. C'est ce qui résulte de l'arrêt du
Conseil d'Etat du 17 août 1883. — Dans le cas où l'hospice était dans l'usage constant de traiter les aliénés
de plusieurs communes, l'indemnité payé par lui doit
venir en déduction du contingent du par ces différentes
communes. (Circulaire ministérielle du 5 août 1839).

Si nous examinons les résultats financiers du système
que nous venons d'étudier, nous verrons que dans le
budget des aliénés, les dépenses sont ainsi réparties entre la commune, les familles et le département. En
1892, la dernière année dont nous ayons les résultats
statistiques, le service a eu à subvenir au traitement et
à l'entretien de 50 540 aliénés, ce qui lui a coûté
23 145 590 fr. La charge s'est répartie ainsi : communes,
7 261 027 fr. ; hospices, 70 978 fr. ; familles 1 808 448 fr,
départements 14 005 147 fr. ; l'état ne participant en aucune manière aux dépenses occasionnées par ce service
depuis la suppression de l'inspection générale. Aucune
somme payée sur le budget de l'Etat n'a le caractère
d'une subvention, et si nous trouvons au budget de
l'Intérieur un crédit pour la maison nationale de Cha-

renton, il faut bien remarquer qu'il ne s'agit là que du paiement pour frais d'entretien à Charenton, d'un certain nombre d'aliénés à la charge de l'Etat.

Les divers projets élaborés pour réformer la loi de 1838 ont tous admis, dans des proportions variées la participation de l'Etat aux dépenses de ce service· Cette participation doit être approuvée. Si, en principe, l'assistance doit être un service local à la charge des budgets locaux, dans notre espèce, elle est dominée par le souci de protéger d'un côté la sécurité publique contre les divagations des aliénés, d'un autre côté la liberté individuelle contre les séquestrations arbitraires ; l'état doit donc en avoir la haute surveillance et il est juste qu'il paie au moins en partie, les dépenses qui en résultent. Il y a là une fonction qui rentre au premier chef dans ses devoirs primordiaux.

En Grande-Bretagne l'Etat participe aux dépenses du service de surveillance et de contrôle ; de plus, depuis 1874, il prend à sa charge une partie des frais d'entretien et de traitement des aliénés indigents.

Si nous examinons le système financier auquel s'est arrêtée la loi de 1838, nous voyons qu'à part la participation de l'Etat aux dépenses du service, il n'a donné lieu à aucune critique générale ; mais seulement à quelques observations de détail. Les plus importantes sont relatives au mode de paiement des traitements et pensions du personnel médical et administratif des établissements publics. — Les directeurs et médecins nommés par l'Etat sont payés par le département, et les retenues pour pension versées dans la caisse de retraite départementale. Il en résulte qu'au cas, où le gouvernement les fait passer d'un poste à un autre, ils peuvent perdre le bénéfice des retenues qu'ils ont subies si le département ne consent pas à les transférer dans la caisse du nouveau département ou ils sont nommés. Au cas où ce transport a lieu, les intérêts du fonctionnaire sont sauvegardés, mais ceux des caisses départementales peuvent être atteints. Les départements possédant des asiles importants voient placer à leur tête des directeurs ou des médecins dont les services rendus dans des établissements de classe inférieure sont ainsi récompensés. Les retenues afférentes à l'ensemble des services sont transférées à leurs caisses, mais cette compensation est insuffisante pour une pension correspondant au dernier traitement. Ce système avait encore un autre inconvénient à l'époque où l'inspection générale existait. Les médecins ou directeurs appelés à cette fonction abandonnaient le montant de leurs retenues et perdaient leurs droits à une retraite départementale, alors qu'ils n'étaient plus assez jeunes pour acquérir des droits à une retraite de l'Etat.

Dans le projet arrêté par la Commission du Sénat, les grandes lignes du système financier de la loi de 1838 sont maintenues. L'innovation principale consiste dans la participation de l'Etat aux dépenses du service. Il le subventionne en contribuant aux frais de contrôle et de surveillance. Il paie le traitement et les pensions des inspecteurs généraux et la moitié des dépenses des Commissions permanentes, que le projet établit, ainsi que nous l'avons vu, dans chaque département. L'autre moitié est payé au moyen d'une taxe recouvrée sur les aliénés non indigents gardés chez eux ou internés dans un asile.

En outre le service des aliénés criminels est en

grande partie supporté par l'Etat qui se charge de la construction des asiles nécessaires et de l'entretien des malades qui y sont internés ; le département se borne à participer à la dépense dans la mesure du prix de journée qu'il paie pour ses aliénés ordinaires. La dépense des condamnés devenus aliénés, incombe entièrement à l'administration pénitentiaire.

L'Etat se charge encore du paiement des traitements et des pensions de retraite des directeurs et médecins des établissements publics d'aliénés. Cette disposition ayant simplement pour but de supprimer les inconvénients du paiement direct des traitements par le département, il n'y a là qu'une avance remboursée au trésor au moyen d'un certain nombre de centimes réservés sur les prix de journée et les pensions payées soit par les départements, soit par les familles pour les aliénés à leur charge.

Tout ce système financier est maintenu dans le projet voté par le Sénat, sauf les changements nécessités par les modifications apportées à l'organisation du service. Il n'y a plus lieu de subvenir aux dépenses des commissions permanentes qui sont remplacées par des commissions de surveillance dont les fonctions sont gratuites. Le médecin inspecteur nommé dans chaque département est payé par l'Etat, mais il n'y a là qu'une avance recouvrée sur les établissements publics ou privés dans les formes établies pour les contributions directes.

Le texte arrêté par la Commission de la dernière Chambre des députés s'approprie le projet voté par le Sénat, sauf sur le point touchant le paiement par l'Etat du traitement et des pensions des directeurs et des médecins des asiles publics. Il supprime cette disposition qui était pourtant très justifiée comme nous l'avons montré ; il se borne à rendre leurs traitements obligatoires pour le département et à décider qu'au cas de changement de département, les retenues versées par lui seraient transférées dans la caisse du département où il se rend.

CHAPITRE V

L'état actuel de la civilisation et les facilités des communications entre les divers états, ont fait surgir certaines questions de droit international, dont le législateur, de 1838, n'avait pas eu à se préoccuper. La loi sur les aliénés appartient-elle au statut personnel ou au statut réel? — Quoiqu'elle s'occupe des biens, elle a pour but de protéger l'aliéné contre l'incapacité naturelle qui résulte de sa maladie, et d'y remédier, elle fait donc partie du statut personnel.

Des aliénés étrangers en France.

La législation sur les aliénés, faisant partie du statut personnel, n'est pas, en principe, applicable aux étrangers résidant en France. Il faut cependant faire une distinction pour certaines mesures qui ont un caractère d'ordre public international et qui doivent s'appliquer même aux étrangers. Toutes les dispositions relatives à l'internement d'office des aliénés dangereux pour la sécurité publique, sont au premier chef des mesures de police, qui obligent tous les individus

résidant sur le territoire. Il en est de même des articles de la loi se rapportant au placement volontaire,
puisqu'il y a là une atteinte à la liberté individuelle
qui doit être protégée aussi bien chez un étranger que
chez un français (Weiss, *Traité droit internatianal privé*,
p. 616. Laurent, *Droit international privé*, t. V, p. 197).

Quant aux mesures se rapportant à l'administration
des biens de l'aliéné interné et aux règles de sa capacité, sa loi nationale seule est applicable. — Les tribunaux français peuvent cependant ordonner des mesures conservatoires, l'Etat étant obligé de donner aide
et protection à tous les individus sans distinction de
nationalité (Tribunal de Versailles, 10 décembre 1885,
cité dans un jugement du tribunal de la Seine du
30 juillet 1887. (*Le Droit*, 5 août 1887). — Il est bien
entendu que ces mesures n'influent en rien sur la capacité de l'aliéné, et que c'est à sa loi personnelle à déterminer la valeur des actes qu'il a passé en France
(Laurent, *op. cit.*).

Des Français internés à l'étranger.

La loi de 1838 n'est pas applicable aux français internés à l'étranger. — En effet, l'état du français non
interdit ne peut être modifié que dans les cas et aux
conditions rigoureusement déterminées par la loi de
1838. La première de ces conditions est le placement
de l'aliéné dans un établissement français, autorisé par
le gouvernement et soumis comme tel à la surveillance
de l'autorité française, offrant par suite toutes les garanties que la loi française est en droit d'exiger dans

une matière aussi grave. — Un établissement d'aliénés, situé à l'étranger et placé par elle-même en dehors de tout contrôle de l'autorité française et de toute application possible des mesures prescrites par la loi de 1838, ne peut être considéré que comme une maison de santé particulière et le placement dans une telle maison, comme un fait incapable de produire aucun des effets déterminés par la loi. — Telle est la jurisprudence qui nous semble conforme aux principes (Voir cour de Douai, 18 février 1848. D. 48. 2. 175. — 9 août 1886. Clunet, 1887, p. 175).

Ce sont, non seulement les dispositions relatives à l'administration des biens, mais encore celles relatives à la capacité, qui sont inapplicables à l'aliéné interné à l'étranger. L'article 39, de la loi de 1838, n'a en vue que les aliénés internés dans un établissement français. — En conséquence, les actes faits par un français interné à l'étranger, seront soumis au droit commun. Mais, ainsi que le dit M. Brochard (*Code internat. privé*, t. I, p. 368), le fait de la séquestration pourra être et sera souvent pris en considération, par le juge chargé d'examiner si l'individu était sain d'esprit au moment où a été passé l'acte incriminé.

L'internement d'un français à l'étranger, de même que celui d'un étranger en France, peuvent être l'occasion de graves abus par suite de l'ignorance dans laquelle se trouvent les autorités publiques du pays d'origine du malade et même souvent celles du pays dans lequel le placement est effectué. Les difficultés qui ont eu lieu au sujet de l'internement en France de sujets anglais et suisses ont montré la lacune de la loi de 1838 sur ce point. Cette question a fait l'objet d'un débat à la Chambre des communes, à l'occasion d'un procès où il fut démontré qu'une anglaise avait été séquestrée dans un asile français, pendant plusieurs années par son mari, dans le but de s'approprier ses revenus assez considérables. M. Balfour demanda qu'en vertu d'une convention internationale, le placement de tout sujet anglais fut notifié à l'ambassadeur britannique ou à toute autre personne de nationalité anglaise désignée à cet effet.

Plusieurs lois étrangères se sont occupées de cette question, notamment la loi du canton de Neuchatel, des 23 mars, 3 juin 1879 et celle du Grand-Duché de Luxembourg, de 1880.

D'après la première de ces lois, aucun étranger ne peut être interné sans la production d'un certificat légalisé et d'une déclaration des autorités du pays d'origine ou de ses agents diplomatiques, attestant que la demande a été portée à leur connaissance et qu'ils l'autorisent. — Dans le Grand-Duché de Luxembourg, avis de l'internement est donné dans les vingt-quatre heures au département des affaires étrangères.

S'inspirant de ces lois, le projet, voté par le Sénat, décidait qu'aucun étranger ne pouvait être interné sans une demande légalisée dans son pays d'origine ou par son représentant diplomatique en France. Avis du placement devait être donné, en outre, à ce représentant, qu'il s'agit du placement d'office ou du placement volontaire.

Voulant protéger de même les français internés à l'étranger, le projet exigeait que tout placement fait dans un asile étranger fut porté à la connaissance du procureur de la République du domicile du malade. —

Il complétait cette mesure de protection en décidant que les dispositions de la loi, relatives à l'administration des biens, seraient applicables au français séquestré à l'étranger.

Cet ensemble de dispositions ont été adoptées, sauf quelques modifications de détail par la Commission de la Chambre des députés. — Mais elles ne pourront être très efficaces que le jour où les divers gouvernements passeront des conventions internationales pour mettre une certaine harmonie dans leurs législations.

CHAPITRE VI

Au cours de cette étude, en examinant les critiques faites à la loi de 1838 et les modifications proposées, nous avons eu souvent à parler des propositions et projets de loi élaborés à ce sujet. Nous allons, dans ce chapitre, tracer un aperçu d'ensemble de ce travail législatif et indiquer le point où en est actuellement la question.

C'est en 1867 que le parlement s'occupa pour la première fois de la question des aliénés. Les attaques furieuses, portées à la fin du second empire contre la loi de 1838, que nous avons indiquées, eurent pour résultat l'envoi de nombreuses pétitions au Sénat impérial. Une Commission chargée de leur examen fut constituée, et un rapport fut rédigé par M. Suin indiquant les conclusions auxquelles elle s'était arrêtée. Après avoir reconnu le mal fondé des réclamations des pétitionnaires et déchargé la loi de 1838 de tous les crimes dont on l'inculpait, le rapport concluait à ce qu'elle fut améliorée et complétée sur certains points. Il demandait l'intervention du juge de paix dans le placement volontaire ; ce dernier devant interroger l'individu présumé aliéné avant son internement ; il réclamait des modifications rendant plus sérieuses les visites et inspections prescrites par la loi et demandait, pour remédier à l'encombrement des asiles, que le gouvernement étudia la question de la création de fermes dans les asiles et de l'entretien des idiots et aliénés inoffensifs dans leur famille.

Ce rapport ne satisfit pas l'opinion publique, et des pétitions nouvelles furent adressées au Sénat et au Corps législatif où elles furent l'objet de discussions. Dans ces conditions, le gouvernement se décida à faire étudier la question de la réforme de la loi de 1838. Un décret du 12 février 1869 constitua à cet effet une Commission mixte extraparlementaire et une circulaire ministérielle invita les préfets, les directeurs et les médecins d'asiles à faire connaître leurs opinions sur la loi de 1838, et à indiquer les modifications qu'ils croyaient devoir y être apportées.

L'enquête très complète portait sur toutes les questions relatives aux aliénés : sur les garanties à exiger au cas de placement volontaire ou d'office, sur les mesures à prendre relativement aux aliénés criminels, sur le traitement à domicile ou dans des colonies spéciales des aliénés inoffensifs et des idiots ; sur l'administration et la direction des asiles. — 117 rapports préfectoraux et 77 rapports de médecins et directeurs d'asiles furent envoyés à la Commission, cette dernière, en possession de ces documents, étudia sérieusement la question qui lui était soumise ; mais la guerre de 1870 survint et elle n'eut pas le temps d'achever son ouvrage. Cependant, par ce qu'elle avait déjà fait, on peut préjuger les conclusions auxquelles elle se serait arrêtée et ainsi que le dit M. Roussel « elles ne changeaient sur

« aucun point essentiel le plan et le système de la loi
« de 1838. Sur l'article 8 de cette loi relatif aux place-
« ments volontaires, on admettait l'intervention du
« juge de paix, on posait les bases d'une organisation
« hiérarchique nouvelle du personnel médical et admi-
« nistratif des asiles ; on constatait en la déplorant,
« mais sans la combler, la lacune laissée par la loi sur
« la question des aliénés dits criminels ».

Quelques mois avant la chute de l'Empire, le 26 mars
1870, Gambetta déposa, avec M. Magnin, une proposition de loi portant révision du régime des aliénés.
Parmi les dispositions qu'elle contenait, l'une des plus
curieuses constituait un jury préalable chargé de se
prononcer sur l'état d'esprit des individus présumés
aliénés.

Après la chute de l'Empire, la question des aliénés
fut une de celles qui attira de suite l'attention du gouvernement. — Le gouvernement de la défense nationale, par décret du 2 octobre 1870, institua à cet effet
sous la présidence de M. Faustin Hélie, une Commission qui n'a laissé aucune trace de ses travaux.

En 1872, MM. Roussel, Jozon et Desjardins déposè-
rent, sur le bureau de l'Assemblée nationale, un projet
de loi qui reproduisait le texte voté par la société de législation comparée après l'enquête et la discussion
qu'elle avait provoquée. — Les principales innovations
de ce projet portaient sur les points suivants : sou-
mission à la surveillance de l'autorité de tous les
aliénés, même de ceux traités à domicile ; création dans
chaque département, sur le modèle de l'institution anglaise des commissaires *in lunacy,* d'une Commission
permanente chargée du contrôle et de l'administration ;

enfin, dispositions relatives aux aliénés dits criminels.

La Commission nommée pour étudier ce projet, l'ap-
prouva dans ses grandes lignes et nomma M. Roussel
rapporteur. Malheureusement, les événements politiques absorbèrent le temps et l'attention de l'Assemblée nationale qui se sépara sans avoir statué sur ce
projet.

La question des aliénés ne fut plus soulevée jusqu'en
1881, époque à laquelle un décret institua une grande
Commission extra-parlementaire chargée d'examiner
les réformes jugées nécessaires.

De ses travaux sortit un projet de loi dont le Sénat
fut saisi par le ministre de l'Intérieur, le 25 mars 1882.

Ce projet reflétait les dernières préoccupations qui
s'étaient fait jour dans l'opinion publique, relativement
à la situation des aliénés. — Il ne se contentait pas de
mettre la loi de 1838 au niveau des progrès faits par la
médecine mentale, mais s'efforçait encore de faire cesser les critiques violentes dirigées contre la loi actuelle,
en substituant l'autorité judiciaire à l'autorité administrative dans les placements. Le rôle du parquet dans le
placement, le jugement du tribunal en Chambre du
conseil nécessaire pour l'internement définitif, ren-
daient tout à fait secondaire le rôle du préfet.

Cherchant à placer sous la surveillance de l'autorité
les aliénés traités à domicile, le projet de loi assimilait
à un asile privé, toute maison où un aliéné était traité
par d'autres personnes que les tuteur conjoint ou
parents jusqu'au quatrième degré inclusivement.

Toute une série de dispositions était consacrée à la
question des aliénés dits criminels et des condamnés

devenus aliénés. L'État devait faire construire un asile spécial pour les aliénés criminels.

Les départements étaient forcés de posséder un établissement public et ne pouvaient plus traiter avec un asile privé.

La protection des biens des aliénés internés dans un établissement privé était organisée, et un administrateur légal nommé par le président du tribunal était institué. Enfin, de nombreuses modifications de détail étaient apportées à la loi de 1838.

Une commission fut chargée par le Sénat d'examiner le projet. — Voulant s'entourer de tous les renseignements possible, elle entendit les magistrats et les médecins aliénistes les plus éminents et envoya en Angleterre et en Belgique une délégation chargée d'y examiner la situation faite aux aliénés et les progrès accomplis pendant ces dernières années. Elle étudia en outre les législations étrangères pour les mettre à profit.

De ces travaux sortit, au bout de deux ans, le projet de loi présenté dans le rapport de M. Ranssel. Ce rapport, véritable encylopédie, contient tout ce qu'on peut connaître sur la question, le résumé des travaux faits en France par des Commissions parlementaires ou extra-parlementaires et diverses sociétés, les circulaires ministérielles et ordonnances sur la matière, les législations étrangères. Le projet de loi tel qu'il sortait des mains de la Commission avait été l'objet de modifications importantes. — Elles comprenaient, d'après M. Roussel : 1e extension de la surveillance de l'aliéné soigné dans une maison privée, à l'aliéné retenu par contrainte dans son propre domicile ou au domicile de ses parents.

2° Création de Commissions permanentes départementales pour exercer cette surveillance ; création
d'un Comité supérieur et d'une inspection générale
pour la centralisation et l'unité de direction du service.

3° Création de taxes spéciales et d'un fonds commun
des aliénés pour les frais du service de surveillance.

La Commission maintenait aux conseils généraux le
droits de traiter avec des établissements privés. Mais
pour parer aux inconvénients qui peuvent résulter de
cette liberté, tous les établissements privés faisant fonction d'asile public étaient soumis en ce qui concerne la
direction médicale, le traitement et le régime des aliénés. à la surveillance de l'Administration.

D'autres modifications de détail étaient encore apportées au projet du gouvernement.

Le rapport de M. Roussel fut déposé sur le bureau
du Sénat en 1884, mais la discussion ne s'ouvrit
qu'en 1886, deux ans après. Très complète, elle occupa
17 séances et le projet de loi fut définitivement adopté
le 11 mars 1887. Les grandes lignes du projet subsis-
taient et les modifications qui y avaient été apportées
n'en altéraient pas l'économie.

Le principe de la substitution de l'autorité judiciaire
à l'autorité administrative pour l'internement des
aliénés fut maintenu ; mais on supprima l'obligation
de placer les aliénés, avant la décision judiciaire dans
un quartier spécial dit d'observation.

Les articles relatifs à la question des aliénés traités
dans leur famille furent trouvés trop rigoureux et furent atténués, on supprima l'obligation pour les parents
de résider dans le même domicile que l'aliéné.

Le système de surveillance établi par la Commission

fut modifié ; la Commission permanente établie dans chaque département fut supprimée mais on maintenait un médecin inspecteur par département et un administrateur aux biens. — Les taxes pour subvenir aux frais du service furent supprimées.

Tous les articles relatifs à l'administration des biens des aliénés, aux actes faits par les aliénés eux-mêmes, furent l'objet d'une discussion approfondie qui aboutit au vote de toute une série de dispositions instituant la surveillance des biens des aliénés, dans des conditions de nature à donner satisfaction aux intérêts de l'aliéné et de sa famille.

Le projet de loi voté définitivement par le Sénat fut transmis à la Chambre des députés le 14 juin 1887. La Commission chargée de l'examiner ne fut nommée que le 5 juin 1888 trop tard pour que la loi put venir en discussion avant la fin de la législature. Aussi, son rapporteur, M. Bourneville, se contenta de faire un rapport sommaire, n'insistant que sur les points principaux en discussion, c'est-à-dire sur l'obligation pour chaque département de posséder un asile public, sur la question de l'internement des épileptiques et sur celle du traitement des enfants arriérés. Pour le reste, il se contenta d'émettre des considérations générales.

A la législature suivante M. Joseph Reinach déposa, le 13 décembre 1890, une proposition de loi qui reproduisait presque entièrement le texte voté par le Sénat. Les modifications les plus importantes portaient : 1° sur l'obligation pour les départements de posséder dans un délai de 10 ans un établissement public ou de traiter avec un autre asile public, d'ouvrir dans le même délai des établissements spéciaux ou des sections spéciales

pour les traitements des enfants idiots et épileptiques ;
2° sur le rétablissement du quartier d'observation destiné à recevoir les internés provisoires avant le jugement du tribunal.

La Commission chargée de l'étudier déposa un rapport le 21 décembre 1891 ; mais la Chambre des députés
se sépara encore avant d'avoir examiné une question
depuis si longtemps à l'étude.

Au début de la législature qui vient de finir (1898),
MM. Reinach et Lafont reprirent cette proposition ; en
même temps, une autre proposition de loi était déposée
par MM. Georges Berry et Lafont, pour autoriser les départements à placer dans les familles, les déments séniles, les idiots et les gâteux.

La Commission chargée d'examiner ces propositions nomma M. Lafont rapporteur, et un rapport fut
déposé le 19 février 1894 sur le bureau de la Chambre ; il fut suivi d'un nouveau rapport, présenté le
27 novembre 1896, par M. Dubief, M. Lafont étant décédé.

Les conclusions de ce dernier rapport ont été soumises à la Chambre des députés qui n'a pas trouvé le
temps de les discuter et qui s'est séparée sans avoir
procédé à la revision de la loi de 1838, occupée comme
elle l'était par les discussions de ses politiciens.

Nous allons esquisser les grandes lignes de ce projet,
dont nous avons, en détail, analysé les dispositions en
étudiant la loi de 1838.

Tout placement volontaire ou d'office ne peut devenir
définitif qu'après l'intervention de l'autorité judiciaire,
l'internement étant prononcé par simple ordonnance
du président du tribunal ; s'il y a des oppositions, la

séquestration est ordonnée par le tribunal en Chambre du conseil. Jusque-là, l'interné, reçu à titre provisoire, doit être placé à l'infirmerie de l'asile, à moins que les exigences du traitement ne le permettent pas.

Au cas de placement volontaire, la demande doit être visée par le juge de paix, le maire ou le commissaire de police, et accompagnée d'un rapport détaillé au procureur de la République sur l'état mental de la personne à placer, signé d'un médecin. Ce rapport doit contenir la date de la dernière visite faite au malade devant le maire, le juge de paix ou le commissaire de police, les symptômes et faits observés personnellement et constituant la preuve de la folie.

Le placement d'office peut être ordonné par le préfet, lorsque l'état d'aliénation d'un individu dûment constaté par un certificat médical compromet la sécurité, la décence, la tranquillité publique, sa propre sûreté ou sa guérison.

Relativement aux conditions dans lesquelles la sortie de l'individu interné peut être opérée, le projet ne fait que reproduire les dispositions de la loi de 1838. Il autorise, en outre, les sorties provisoires dont tous les aliénistes reconnaissent la nécessité. Des nouveaux organes de contrôle et de surveillance sont créés, dans chaque département est instituée une ou plusieurs Commissions de surveillance, composée de six membres, comprenant deux conseillers généraux, deux membres choisis par le préfet, un juge titulaire ou suppléant, le curateur chargé de gérer les biens des aliénés. Cette Commission exerce un contrôle administratif et financier sur les établissements publics, et surveille le ré-

gime des aliénés dans les asiles privés, faisant fonction
d'asiles publics..

Le corps des inspecteurs généraux du service des
aliénés est réorganisé, et le conseil supérieur de l'assistance publique, appelé à donner son avis sur toutes les
questions intéressant les aliénés, doit présenter chaque
année au ministre de l'Intérieur un rapport sur l'exécution de la loi.

La surveillance ne porte pas seulement sur les aliénés internés dans des établissements publics ou dans
des asiles privés établis suivant la loi, mais aussi sur
les aliénés soignés dans un domicile privé. Nul ne peut
soigner un individu atteint d'aliénation mentale sans
en faire la déclaration au procureur de la République et
l'accompagner d'un rapport médical. Il n'y a d'exception qu'au cas où l'aliéné est soigné par son tuteur autorisé par le Conseil de famille, son conjoint ou certains
parents à un degré très rapproché, et que la nécessité de
tenir le malade interné ne dure pas plus de trois mois.

Le projet de loi s'occupe des condamnés devenus
aliénés et des aliénés dits criminels. Pour les premiers,
il ne fait que consacrer législativement l'existence du
quartier de Gaillon, où sont internés tous les condamnés
à des peines afflictives et infamantes ou à des peines
correctionnelles de plus d'un an, devenus aliénés.
Pour les aliénés reconnus atteints au moment où ils
ont commis le crime qui leur est reproché, ils sont mis
à la disposition de l'autorité administrative. L'ordonnance, le jugement où l'arrêt qui prononce le non-lieu
où l'acquittement les renvoient devant le tribunal en
Chambre du conseil. — Ils sont internés dans un asile
spécial construit par l'état.

Le projet ne prend aucune précaution particulière, pour empêcher la sortie avant guérison complète; elle peut être ordonnée par le tribunal en Chambre du conseil, sur la simple affirmation du médecin traitant.

Le texte voté par la Commission de la Chambre attribue d'office à tout individu aliéné interné dans un établissement public ou privé, un administrateur légal qui est rénuméré et qui est chargé de la gestion de ses biens. Elle lui donne de même un curateur. Un administrateur judiciaire ou datif peut être nommé ; il est investi de pouvoirs importants ; ce sont les mêmes que ceux du tuteur du mineur et de l'interdit. Ces administrateurs sont régis par les mêmes règles et soumis aux mêmes obligations à l'exception de l'hypothèque légale. Comme conséquence des pouvoirs de l'administrateur, les actes faits par l'aliéné sont nuls de droit; dans le cas où ils auraient été faits pendant une sortie provisoire ou une évasion, le tribunal pourrait les déclarer valables s'il estimait qu'ils ont été passés dans un moment de lucidité.

En ce qui concerne l'organisation du service départemental des aliénés, le projet de loi interdit aux départements de traiter avec un établissement privé, passé un délai de 10 ans, qui doit courir à partir de la promulgation de la loi. Il les force à ouvrir dans le même délai des établissements ou des sections spéciales pour le traitement des enfants idiots arriérés ou épileptiques et pour le traitement des buveurs. Il leur permet de créer des colonies familiales pour le traitement des déments séniles et des idiots.

Certaines modifications sont apportées aux dispositions de la loi de 1838, relatives aux dépenses du service.

L'Etat prend à sa charge la dépense du service de l'inspection générale et la part de la dépense d'entretien des aliénés criminels dépassant le prix de journée payé par le département pour ses aliénés ordinaires. Il paie l'entretien des condamnés devenus aliénés.

Les traitements des directeurs et médecins des asiles publics deviennent une dépense obligatoire pour les départements.

CONCLUSION

Arrivés au terme de cette étude nous allons nous efforcer de résumer en quelques mots notre appréciation sur le régime actuel des aliénés et sur les modifications qu'il nous porte.

La loi du 30 juin 1838, sérieusement élaborée, malgré toutes les attaques dont elle a été l'objet depuis une trentaine d'années, a constitué un immense progrès sur la situation antérieure et depuis plus de soixante ans a protégé, dans une mesure satisfaisante, les divers intérêts en présence. Ce n'est pas dire qu'elle soit parfaite, qu'elle n'ait pas révélé à l'usage certains défauts et qu'elle ne demande pas à être refondue ; mais pour la juger avec équité, il faut se souvenir qu'à l'époque où elle a été votée, la législation des aliénés était à créer de toutes pièces et qu'à la confusion et à l'arbitraire qui existaient, elle a substitué toute une série de mesures sagement conçues, ayant en vue la guérison du malade qui se trouve dans tout aliéné, la protection de sa fortune et le maintien de la sécurité publique.

Dans ce but, des établissements spéciaux sont créés pour recevoir et soigner les aliénés et toutes les mesures nécessaires sont prises pour que l'internement ait lieu le plus rapidement possible, le traitement de la folie et la sécurité publique ne pouvant attendre.

L'aliéné étant un malade, il est interné du moment qu'un médecin a constaté sa maladie ; s'il est dangereux, l'autorité administrative qui a l'habitude de prendre des mesures rapides est la mieux qualifiée pour ordonner sa séquestration. Toute une série de dispositions sont prises pour empêcher les séquestrations arbitraires et protéger la liberté individuelle, enfin la gestion de la fortune de l'aliéné interné est organisée.

Le reproche dominant, fondamental qu'on a fait et qu'on fait encore à cette loi, celui qui lui a valu des attaques si violentes et qui résume tous les autres pour le grand public, c'est de permettre l'internement de tout individu aliéné sur un simple certificat de médecin et sans l'intervention de l'autorité judiciaire, gardienne de la liberté individuelle. Le reproche pour nous n'est pas fondé, et nous trouvons qu'on fait une confusion en réclamant pour tout internement l'intervention de l'autorité judiciaire. Il n'y a aucun rapprochement à faire entre un individu accusé d'une infraction à la loi pénale, qui, naturellement, ne peut être emprisonné qu'en vertu d'une décision judiciaire, et un malade dont la maladie exige l'isolement. Il n'y a dans ce dernier cas qu'une question de diagnostic médical qui ne doit relever que du médecin. De même. si un aliéné est dangereux pour la sécurité publique c'est à l'autorité administrative chargée de la police à prendre les mesures nécessaires.

Le gouvernement, lors du dépôt sur le bureau du Sénat du projet de loi portant revision de la loi de 1838, a reconnu lui-même, tout en admettant l'intervention de l'autorité judiciaire dans les placements, qu'il le faisait simplement pour satisfaire l'opinion publique.

Cette intervention de l'autorité judiciaire ne protégera pas plus efficacement la liberté individuelle, puisqu'il faudra toujours s'en rapporter au médecin, du moment que le contrôle des asiles ne sera pas sérieusement institué et, sur ce point, il faut reconnaître que la loi actuelle a besoin d'être corrigée.

Il est sûr que les dispositions de la loi de 1838 relatives au contrôle ont révélé dans l'application un grand nombre de défectuosités. Les notifications faites à l'autorité judiciaire touchant chaque internement passent le plus souvent inaperçues et vont dormir dans les cartons du parquet sans qu'elles soient vérifiées. — Quant aux inspections mises à la charge de diverses autorités par l'article 4 de la loi, elles sont rarement faites, n'étant pas obligatoires, sauf pour le procureur de la République. Passées du reste par des personnes non rémunérées à cet effet et ayant de nombreuses occupations, elles sont un leurre. Il faut ajouter qu'on a constaté que ces visites faites le plus souvent sans l'assistance d'un spécialiste ne peuvent servir à discerner le non aliéné de l'aliéné, certains déments étant très capables d'établir un raisonnement qui peut les faire regarder comme sains d'esprit.

La Commission sénatoriale chargée d'examiner le projet de loi du gouvernement avait clairement compris que la meilleure garantie de la liberté individuelle résidait dans l'organisation d'un contrôle sérieux et, dans ce but, imitant dans une certaine mesure l'organisation anglaise, elle avait établi dans chaque département une Commission permanente composée de médecins, de juges, et d'administrateurs, et dont les membres étaient rétribués. Cette commission avait tous les pouvoirs nécessaires pour vérifier la régularité des internements, contrôler et visiter tous les asiles tant privés que publics, pour prendre en mains les intérêts des aliénés dans le département. Au centre, elle instituait un conseil supérieur, chargé de recevoir des rapports des Commissions départementales ; de diriger et de donner son avis sur toutes les questions intéressant le service des aliénés.

Toute cette organisation combattue par le gouvernement ne fut malheureusement pas adoptée par le Sénat et ne reparut pas dans les propositions de lois déposées à la Chambre.

Le contrôle et la surveillance ne doivent pas seulement avoir en vue les aliénés internés dans les asiles, il doit aussi s'occuper de ceux qui sont séquestrés dans l'intérieur des familles ou dans des maisons particulières. L'expérience, en effet, a révélé que la loi de 1838 demandait à être complétée sur ce point, les séquestrations arbitraires y étant malheureusement trop fréquentes et étant difficilement punissables avec la législation actuelle.

On trouve dans la loi de 1838 une autre lacune importante ; mais il ne s'agit plus ici d'éviter des séquestrations arbitraires, il s'agit de parer aux dangers que peut faire courir à la sécurité publique la divagation des aliénés dits criminels. — Il arrive fréquemment que des individus sont acquittés par les tribunaux, pour avoir commis l'acte qui leur était reproché pendant une crise d'aliénation. Ces individus ne peuvent être enfermés que sur l'ordre du préfet, et s'ils sont dans une période d'aliénation caractérisée. Or, il arrive souvent, qu'au moment de leur acquittement ils ne peuvent être

internés et l'on est obligé de laisser ainsi en liberté un
grand nombre d'aliénés dangereux, tranquilles en apparence, mais susceptibles de rechutes et pouvant être
atteints subitement de crises terribles. La loi demande
sur ce point à être complétée et il est de toute nécessité que la juridiction qui acquitte, puisse ordonner
l'internement si cela est nécessaire.

Il ne suffit pas d'interner ces aliénés, il faut aussi
empêcher, tant qu'ils sont susceptibles de rechute,
c'est-à-dire ordinairement pendant toute leur vie, qu'ils
ne soient rendus à un milieu social favorisant le re-
tour de leurs accès et qu'ils ne soient remis en liberté
que dans certaines conditions permettant d'espérer le
maintien de leur guérison et en prenant certaines précautions facilitant leur internement immédiat à la
moindre crainte.

L'aliéné interné ne pouvant administrer sa fortune,
la loi, ainsi que nous l'avons vu, s'est efforcée d'organiser la protection de ses biens.

Un premier reproche peut être fait à cette partie de
la loi, c'est de ne pas organiser, de plein droit, cette
administration pour tous les aliénés mais seulement
pour ceux qui sont internés dans un asile public. Il en
résulte que la fortune des aliénés riches, placés dans
des établissements privés, peut être entièrement déla-
pidée si leurs parents s'entendent à cet effet, le procureur de la République étant rarement averti à temps
pour demander la nomination d'un administrateur judiciaire.

Un autre reproche, d'ordre général, doit être fait à
cette administration, c'est celui de ne permettre que
des actes conservatoires et d'exiger l'interdiction de

l'aliéné dès qu'il s'agit d'un acte d'administration. La loi de 1838, qui a été faite pour éviter le recours à la procédure de l'interdiction, manque son but dans ce cas là. Il est des cas où l'interdiction ne peut être obtenue et où l'on se trouve dans un grand embarras, car on peut difficilement faire passer les actes par l'aliéné, même s'il se trouve dans un intervalle lucide ; les tiers, sachant que l'internement établit, sinon en droit, du moins en fait, une présomption de folie sur laquelle il est difficile de faire revenir l'esprit des juges, hésiteront, le plus souvent, à traiter avec lui.

Dans ces conditions, il est de toute nécessité que les pouvoirs de l'administrateur soient étendus et qu'il puisse valablement représenter l'aliéné dans tous les actes de la vie civile.

Il faut aussi simplifier cette administration et supprimer cette répartition de pouvoirs entre l'administrateur provisoire, le mandataire *ad litem* et le curateur, répartition engendrant la confusion et embarrassant les tiers.

Sans revenir sur les critiques moins capitales et sur les critiques de détail que l'on peut faire à la loi de 1838, nous venons de résumer les principales et les modifications qu'il est de toute nécessité d'opérer. — Ainsi que nous l'avons vu, cette question de la révision de la loi de 1838 a fait l'objet d'études approfondies dans le sein des assemblées législatives, notamment au Sénat qui a voté un projet de loi sérieusement élaboré. Malheureusement, la Chambre des députés n'a pas trouvé le temps nécessaire pour le discuter et le voter. Présenté à nouveau à deux législatures, avec quelques modifications par M. Joseph Reinach il a été sérieuse-

ment étudié par les Commissions nommées à cet effet,
mais la Chambre vient encore de se séparer sans en
avoir entrepris la discussion.

Il faut espérer qu'il n'en sera pas de même dans
l'avenir et que la législature qui commence verra aboutir la réforme de la loi de 1838.

Vu :

Le Président de la thèse,

ANDRÉ WEISS.

Vu :

Par le Doyen,

GARSONNET.

Vu et permis d'imprimer :

Le Vice-Recteur de l'Académie de Paris,

GRÉARD.

BIBLIOGRAPHIE

Législation des aliénés. 3 vol. Paris, Levrault, 1880.

Rapport sur le service des aliénés en 1874. 1 vol. Imprimerie Nationale 1878.

Rapport Roussel sur le projet de loi portant révision de la loi de 1838. Sénat, session ordinaire de 1884.

Rapport Bourneville sur le projet de loi voté par le Sénat. — Chambre des députés, session 1889.

Proposition de loi Reinach et Lafont portant révision de la loi de 1838. Chambre des députés, session 1893.

Rapports de la commission chargée d'étudier cette proposition. Session ordinaire 1894. Session extraordinaire 1896.

Annales médico-psychologiques.

Revue générale des établissements de bienfaisance.

Bulletin de l'Académie de médecine.

Bulletin de statistique du ministère des finances.

Annuaire statistique de la France.

Statistique générale de la France.

Bulletin de la société de législation comparée.

Revue générale d'administration.

Compte rendu du Congrès international de médecine mentale tenu à Paris en 1878.

Paris, Imprimerie nationale.

Aubry et Rau. — *Traité du droit civil*.

Ball. — *Études sur les maladies mentales*.

Bertrand. — *Étude sur les diverses législations relatives aux aliénés*, Paris, 1872.

De Crisnoy. — *Mémoire sur la loi concernant les aliénés*. Levrault, 1882.

Dalloz. — *Répertoire de législation de doctrine et de jurisprudence, supplément au répertoire.*

Jean Dayras. — *Les aliénés.* Paris, 1883.

Demolombe. — *Traité de droit civil.*

Féré. — *Du traitement des aliénés dans leur famille.* Paris, 1889.

Féré. — *Les épilepsies et les épileptiques.* Alcan, 1890.

Fusier. — *De la capacité juridique des aliénés et de leur liberté individuelle* 1886.

Fuzier Hermann. — *Répertoire encyclopédique du Droit français.*

Paul Garnier. — *La folie à Paris.* 1890.

Huc. — *Des aliénés et de leur capacité civile.* Paris, 1883.

G. Lagrésille. — *La séquestration des aliénés dans la législation actuelle et future.* Paris, 1883.

Legrand du Saulle. — *La folie devant les tribunaux.*

Legrand du Saulle. — *Etude médico-légal sur les épileptiques,* 1877.

Luys. A. — *Du traitement de la folie.* Paris, 1893.

Lunier. — *Des aliénés dangereux au triple point de vue clinique, administratif et médico légal.*

Pandectes françaises.

Picard. — *Des aliénés dangereux au point de vue légal et administratif.* Nancy, 1879.

Praust. — *Rapport sur la législation relative aux aliénés criminels.* Chaix, 1880.

Sarrante. — *De l'administration provisoire des biens des aliénés et de leur incapacité juridique.* (*Revue critique de législation et de jurisprudence 1885-1886.*)

Sollier. — *Psychologie de l'idiot et de l'imbécile.* Alcan.

Tanon. — *Etude critique de la loi de 1838 sur les aliénés.* Paris, 1868.

Voisin. — *L'idiotie hérédité et dégénérescence mentale,* 1890, *psychologie et éducation de l'idiot.* Paris, 1891.

TABLE DES MATIÈRES

Introduction   1

Rappel de la situation antérieure à 1838   8

Chapitre I. — De l'internement et des garanties établies pour la sûreté de la liberté individuelle   25

Du placement volontaire   25
Du placement d'office   31
Des formalités postérieures au placement volontaire ou d'office.   37
De la sortie des aliénés séquestrés.   44
Des diverses critiques formulées contre la législation actuelle.   58
Des aliénés soignés dans leurs familles . . .   77
Des aliénés dits criminels   84
Des condamnés devenus aliénés   97

Chapitre II. — Des établissements spéciaux pour les aliénés .   104

Des asiles publics.   104
Des asiles privés   108
Des divers moyens de traitement de l'aliénation mentale   110

Chapitre III. — De la condition civile des aliénés   129

Section I. — De la condition civile des aliénés internés.   129

§ I. — De la capacité civile des aliénés internés. .   130
§ II. — De l'administration des biens des aliénés internés.   137
Des critiques formulées contre l'administration provisoire et des réformes proposées . . .   169

Section II. — De la condition civile des aliénés ni interdits, ni internés.   176

CHAPITRE IV. — Organisation administrative du service des aliénés 186

    Des aliénés à la charge du département . . . 188
    Traités avec un établissement public ou privé . 195
    Des établissements départementaux 199
    De l'assistance des idiots et des épileptiques . 210
    Dépenses du service des aliénés. 220

CHAPITRE V. — Droit international 230

CHAPITRE VI. — Vue d'ensemble sur les divers projets de réforme préparés par le parlement 235

CONCLUSION 247

BIBLIOGRAPHIE 255

ST-AMAND, CHER. — IMPRIMERIE SCIENTIFIQUE ET LITTÉRAIRE, BUSSIÈRE FRÈRES.